FLUCHTaspekte

Geflüchtete Menschen psychosozial
unterstützen und begleiten

Herausgegeben von

Maximiliane Brandmaier
Barbara Bräutigam
Silke Birgitta Gahleitner
Dorothea Zimmermann

Autor*innenkollektiv
»Jugendliche ohne Grenzen«
Koordiniert von Mohammed Jouni

Zwischen Barrieren, Träumen und Selbstorganisation

Erfahrungen junger Geflüchteter

Mit 23 Abbildungen

Vandenhoeck & Ruprecht

Bibliografische Information der Deutschen Nationalbibliothek:
Die Deutsche Nationalbibliothek verzeichnet diese Publikation in der
Deutschen Nationalbibliografie; detaillierte bibliografische Daten sind
im Internet über http://dnb.de abrufbar.

© 2018, Vandenhoeck & Ruprecht GmbH & Co. KG,
Theaterstraße 13, D-37073 Göttingen
Alle Rechte vorbehalten. Das Werk und seine Teile sind urheberrechtlich
geschützt. Jede Verwertung in anderen als den gesetzlich zugelassenen Fällen
bedarf der vorherigen schriftlichen Einwilligung des Verlages.

Umschlagabbildung: Nadine Scherer

Satz und Layout: SchwabScantechnik, Göttingen
Druck und Bindung: ⊕ Hubert & Co. BuchPartner, Göttingen
Printed in the EU

Vandenhoeck & Ruprecht Verlage | www.vandenhoeck-ruprecht-verlage.com

ISSN 2625-6436
ISBN 978-3-525-40632-8

Inhalt

Geleitwort der Reihenherausgeberinnen 7

Einleitung 11

Wer ist das Autor*innenkollektiv? 22

»Jugendliche ohne Grenzen« erzählen 33

Flucht und Ankommen in Deutschland 34
Erinnerungen 39
Familie 45
Rassismuserfahrungen 47
*Wie ist es in der Schule, wie ist es in der
Willkommensklasse?* 50
Jugendhilfe und Sozialpädagog*innen 57
Psycholog*innen 63
*Bedeutung von Selbstorganisierung und
Freund*innen in ähnlichen Situationen* 70
Jugendlichsein und Erwachsenwerden 74
Ressourcen 83
Träume 87

Gedanken zum Entstehungsprozess des Buches 95

*Wenn ich das monatlich hätte, bräuchte ich
keine Therapie mehr ...* 96

Auf Wiedersehen · Bxatra wê · إلى اللقاء · Mirupafshim
Goodbye · به امید دیدار · Xüdafiz · Au revoir 98

Abkürzungsverzeichnis 101

Geleitwort der Reihenherausgeberinnen

Dieses Buch braucht eigentlich kein Vorwort. Es spricht für sich selbst, es spricht aus sich selbst heraus. Man muss es jedoch sprechen lassen. »Begegnungen« sagt Lothar Böhnisch, kann man »weder institutionalisieren noch inszenieren«, man »muss sie zulassen können«.[1] Tatsächlich habe ich beim Lesen des Buches diesbezüglich einen interessanten Prozess vollzogen.

Als ich es in den Händen hielt, konnte ich mich – trotz des Appells der Jugendlichen zu Beginn – nach mehr als zwanzig Jahren wissenschaftlicher Sozialisation von einem gewissen Systematikwunsch zunächst nicht trennen. Von Beginn an hat mich die Authentizität beeindruckt, sogar gefangen, aber ich wollte unbedingt die einzelnen Aussagen besser verstehen können, wollte wissen, von wem sie denn nun im Einzelnen kommen, in welchem Kontext sie jeweils stehen, aus welcher Perspektive sie jeweils getätigt sind, um sie besser entschlüsseln zu können, einer Hermeneutik zuzuführen.

So ging es mir bis ungefähr zur Hälfte des Buches. Ich kann gar keinen Punkt benennen, an dem sich dieses Verhältnis plötzlich umkehrte, aber unbemerkt verschwand dieser Analysewunsch plötzlich hinter einem völlig anderen Gefühl. Ich habe die Zitate einfach aufgenommen und es hat angefangen in mir zu arbeiten. Irgendwie hat sich auf diese Weise eine völlig andere Art von Zugang eröffnet,

---

1 L. Böhnisch (2002). Räume, Zeiten, Beziehungen und der Ort der Jugendarbeit. Deutsche Jugend – Zeitschrift für Jugendarbeit, 50 (2), 70–77. S. 75.

ein Verstehen entfaltet, nicht auf einer Detail suchenden Ebene, sondern als umfassendes Verstehen, geradezu als Atmosphäre. Aus diesem Prozess sind eine Menge Anregungen und Ideen entstanden, auch für weitere Bücher dieser Reihe.

Vor allem aber hat sich dieses Gefühl, dass die Jugendlichen in voller Authentizität gesprochen haben – angefangen bei ihren ganz alltägliche Wünschen und Bedürfnissen bis zu ihren Belastungen, traumatischen Erfahrungen und Hoffnungen – und dass eben auch nicht alles zu verstehen ist, nicht von uns und nicht mal von ihnen selbst, auf eine zugleich verstörende und beruhigende Art und Weise eingestellt. Ein interessantes Gefühl für mich. Ich freue mich daher, Ihnen als Leser*innen das Buch vorzustellen – es ist ein wunderschönes und besonderes Projekt geworden und ich danke allen, die sich so tatkräftig daran beteiligt haben, allen voran den Jugendlichen selbst!

Silke Birgitta Gahleitner

Dorothea Zimmermann
Maximiliane Brandmaier
Barbara Bräutigam

Einleitung

Dorothea Zimmermann: Unser Buch hat eine spannende Entstehungsgeschichte, wie hat es angefangen? Es handelt sich um ein Work-in-progress-Projekt. Eine Geschichte, bei der wir anfangs nicht genau wussten, was am Schluss rauskommt.

Mohammed Jouni: Und ob überhaupt was dabei rauskommt.

Dorothea Zimmermann: Der Ausgangspunkt war, dass wir in unserer Reihe »Fluchtaspekte« ein Buch mit dem Fokus auf Kinder und vor allem Jugendliche herausbringen wollten. Dabei war immer ein bisschen die Frage, wie gehen wir da heran und ich habe das mit verschiedenen Personen aus dem Bereich diskutiert. Mit Olga Schell vom »Zentrum Überleben« kam dann die Überlegung nicht über Jugendliche zu schreiben, sondern einen Raum für sie selbst zu eröffnen. Wie ist ihr Blick auf die Jugendhilfe, auf das System, auf alles, was vielleicht oft nur scheinbar helfend für sie zur Verfügung steht?

Da musste ich an dich denken, Mohammed, da wir schon zwei Veranstaltungen zusammen gemacht haben. Du hast bei diesen Veranstaltungen einerseits subjektiv aus deiner Sicht erzählt, aber auch konkrete Forderungen konsequent gestellt: Es geht um Partizipation. Es geht darum, auf die Jugendlichen selber zu hören. Und es geht um Empowerment, sich untereinander und miteinander zu organisieren und diese Blickwinkel auch tatsächlich in die ganze Diskussion miteinzubringen.

Mohammed Jouni: Du hattest mich angerufen, mich ein paar Mal per E-Mail angeschrieben und ich fand das schon ganz interessant. Dann haben wir telefoniert. Du hast mir ein bisschen von dem Vorhaben erzählt, aber die Idee war noch gar nicht so konkret. Trotzdem war mein Interesse geweckt. Oftmals ist es so, dass an uns – also an »Jugendliche ohne Grenzen« (JoG) – eine Anfrage herangetragen wird: »… ich promoviere … ich schreibe meine Masterarbeit … meine Bachelorarbeit … und hätte gern ein Interview mit euch oder ich würde euch gerne beobachten …«. Aber es gab noch nie die Anfrage, ob wir selber etwas schreiben wollen, dass es unterstützend wäre, etwas von uns zu publizieren. Also habe ich diese Idee an die Gruppe herangetragen, ob es für sie überhaupt interessant ist. Es stellte sich schnell große Begeisterung ein: »Ja, dann schreiben wir ein Buch und da kommt das rein und das rein.« Danach erzählte ich dir von der Begeisterung in der Gruppe, und wir überlegten dann, wie wir das umsetzen können.

Dorothea Zimmermann: Die Zielgruppe dieses Buches sind ja alle, die mit jungen Geflüchteten arbeiten. Unabhängig davon, ob das in der in der Schule ist oder in der Jugendhilfe, therapeutisch, ehrenamtlich usw. Wie erleben die Jugendlichen das eigentlich, wie ergeht es ihnen in dem System? An diesem Punkt haben wir aber gedacht, wenn wir jetzt fragen, als Teil des Systems, werden wahrscheinlich andere Antworten kommen als wenn Personen fragen, die eine ähnliche Geschichte durchlaufen haben. Es ist ein ganz anderes Gefühl sagen zu können, nein, das fand ich jetzt zum Beispiel nicht gut oder das fand ich gut. Vielleicht kommen sie auch auf ganz andere Themen, die uns so erst einmal gar nicht einfallen würden.

Mohammed Jouni: Ich glaube auch, dass diese Perspektive ein wesentlicher Erfolgsfaktor von dem Projekt, von diesem Buch war. Ich glaube genau das, was du gerade gesagt hast. Es kommt natürlich darauf an, wer fragt. Handelt es sich dabei um jemanden vom BAMF, von der Polizei, der Ausländerbehörde, sind es Betreuer*innen[2] vom Jugendamt, von der Schule. Die Jugendlichen werden oft und in ganz unterschiedlichen Zusammenhängen befragt und sollen erzählen. Irgendwann kennen sie die Intention der Person, die fragt, was diese Person wissen und hören will. Dann bekommen sie auch die Antworten, von denen die Jugendlichen glauben, dass diese Person sie hören will. Das heißt, wenn eine Psychologin kommt, muss ich natürlich etwas Bestimmtes erzählen. Kommt eine Reporterin, erzähle ich ihr natürlich etwas Anderes. Ich erzähle ihr das, was ich denke, was für sie interessant ist. Aber nur diesen bestimmten Bereich aus meinem Leben. Vielleicht ist für eine Reporterin auch irgendwas Positives gar nicht interessant, weil sie für ihren Text das Drama braucht, irgendwas Starkes, Intensives. Das war für mich der ausschlaggebende Faktor oder Grund, weshalb ich bei diesem Projekt mitgemacht habe. Ich wollte mich selber auf eine derartige Reise begeben. Was kriege ich für Antworten von den Jugendlichen, die zu mir Vertrauen haben, die ich aus einem anderen Kontext kenne. Das Ergebnis zeigt auch, dass komplett unterschiedliche Antworten kamen, sowohl das »Drama« als auch das Alltägliche, was sie beschäftigt.

Dorothea Zimmermann: Das fand ich auch sehr beeindruckend. Es wurden Grenzen überschritten. Wenn

---

[2] In diesem Band wird in Passagen mit reflexivem Charakter die gendersensible Schreibweise gewählt, während in den Selbstbeschreibungen der Jugendlichen und den transkribierten Passagen die ursprünglich gewählten Formulierungen aus Gründen der Authentizität beibehalten wurden.

ich den Band lese oder das Ergebnis anschaue, dann wird deutlich, dass viele Träume, Überlegungen und Konflikte der Jugendlichen mit denen aus der Mehrheitsgesellschaft identisch sind. Die Themen sind völlig normal, aber das ist wichtig zu verstehen. Viele Konflikte oder andere Themen, an denen gearbeitet wird, dürfen nicht nur unter einer Kulturbrille oder unter der Zuschreibung der Flucht betrachtet werden. Ob jetzt zum Beispiel jemand in der Schule erst einmal schlechtere Noten hat, weil er die Sprache noch nicht so gut beherrscht. Aber gleichzeitig besteht der Wunsch, Ärzt*in oder Anwält*in zu werden. Das sind ganz normale Träume, die natürlich andere auch haben. Es ist grundsätzlich wichtig, sie zu unterstützen und damit angemessen umzugehen. Im Prozess des Älterwerdens werden sich dann die Wünsche angleichen an den Möglichkeiten, die zur Verfügung stehen. Das fand ich spannend zu sehen.

Ein anderer Aspekt, den du schon angesprochen hast, sind die Fragen. Viele der Jugendlichen erzählten, dass ihnen diese Fragerei wahnsinnig auf die Nerven geht. Einerseits antworten sie dann das, was das Gegenüber hören will. Andererseits kann es aber auch ein starkes Mittel der Verweigerung sein, gar nichts mehr zu sagen. Gar nichts mehr sagen zu wollen, weil ich weiß, sie wollen ganz bestimmte Antworten, die zu einem bestimmten Prozess gehören, dem ich mich aber vielleicht auch manchmal verweigern will. Weil ich den Eindruck bekomme, dass ich gar nicht mehr gesehen werde in dem Ganzen.

Deswegen haben wir auch keine Interviewform gewählt, sondern ihr habt zwei Workshops durchgeführt. Die Jugendlichen konnten mit vielen verschiedenen Materialien arbeiten: Matrioschka, Muscheln, Karten, Seile, das wird im Buch besser zu sehen sein. Das war nur möglich, weil Cornelia Bredereck alles, was gesagt worden ist, in unglaublicher Geschwindigkeit transkribiert hat.

Mohammed Jouni: Das World Café.

Dorothea Zimmermann: Genau, so hatten die Jugendlichen die Möglichkeit, assoziativ zu erzählen, sich zuzuhören und sich miteinander zu entwickeln. Das fand ich spannend.

Mohammed Jouni: Ich glaube auch, dass dieser Prozess des Buchschreibens etwas Besonderes war. Das Ergebnis ist natürlich auch wichtig für die Gruppe. Es ist etwas entstanden mit unseren Namen darauf. Wir stehen da mit unseren Fotos drin. Das Ergebnis ist wichtig, aber auch der Prozess war wichtig. Ich glaube, dass das auch interessant sein kann für Sozialpädagog*innen, für Betreuer*innen, für alle, die mit Geflüchteten arbeiten.

»Jugendliche ohne Grenzen« war als Gruppe sowieso eingebunden in einem Raum, in dem Empowerment möglich ist. Empowerment nicht irgendwie als: »Ich arbeite an meinem eigenen Problem«, sondern als kollektives Mittel zur Durchsetzung von bestimmten Rechten. So verstehe ich Empowerment. Diese Menschen waren dort eingebunden, aber durch diesen Prozess des Buchschreibens, durch dieses Sich-noch-besser-Kennenlernen, Gemeinsam-Lachen, Gemeinsam-Weinen, Gemeinsam-Schreiben, Streiten, Diskutieren war das für die Gruppe unheimlich wichtig, stärkend und bindend. Ich sehe jetzt, wie die Teilnehmer*innen bei Instagram Fotos von sich schießen. Sie treffen sich jetzt noch häufiger, auf einen Kaffee oder um gemeinsam Fußball zu spielen. Sie verbringen viel mehr Zeit miteinander, auch im Anschluss an diese Workshops. Das freut mich. Ich denke, dass auch dieser Effekt ein sehr gutes Ergebnis aus diesem Prozess des

Buchschreibens ist. Genauso verstehe ich auch Empowerment: Einen Raum zu schaffen, wo ein Mensch erzählen kann und wo diese Erfahrungen und Erzählungen wertgeschätzt werden. Nicht zum Zweck des Schreibens von Promotion- und Masterarbeiten, sondern zum Zweck des Erzählens. Einfach nur, um sich kennenzulernen und zu vertrauen.

Dorothea Zimmermann: Ja, das war sehr spürbar. Wir sind ja immer am Anfang und am Ende in die Workshops reingekommen, haben deutlich gemacht, dass wir uns über den Prozess freuen und ein wirkliches Interesse haben, von ihnen zu hören. Ich hatte auch den Eindruck, dass sie das gut fanden. Dass das jemand hören will, das veröffentlichen will und es wahrscheinlich auch manche gibt, die das Buch gerne lesen werden. Etwas zu hören über ihre Erfahrungen, einerseits die Normalität, aber andererseits auch die erschwerten Bedingungen ihres Aufwachsens durch Flucht und Migration.

Mohammed Jouni: Und Rassismus.

Dorothea Zimmermann: Ja, das ist ein wichtiger Punkt. Dazu kommt die Frage, welchen Aufenthaltsstatus die Jugendlichen haben, wie es der eigenen Familie geht in den Herkunftsländern und der Familie hier. Wie können sie ihren Aufenthalt gestalten, usw. Diese Mischung konnten sie in den Workshops zeigen. Sie wurden eben nicht nur nach einer Perspektive gefragt – wie du vorhin auch gesagt hast – das Negative und deine schrecklichen Erfahrungen, deine traumatisierenden Erfahrungen. Sie konnten über alles erzählen, was sie ausmacht. Wie sie hier leben und die verschiedenen Bereiche. So hatten die Jugendlichen die Möglichkeit, von ihren teilweise auch widersprüchlichen Erfahrungen, zum Beispiel mit Psycholog*innen oder mit der Schule, zu erzählen. Ich fand gerade die Widersprüche spannend. Nehmen wir die Willkommensklassen. Die einen fanden Willkommensklassen gut und genau richtig, machten zum Teil auch Erfahrungen von Rassismus in anderen Klassen. Andere Jugendliche hingegen fanden Willkommensklassen überhaupt nicht in Ordnung. Hier hatten auch diese Widersprüchlichkeiten ihren Raum. Sie konnten für sich entscheiden, was sie annehmen oder auch nicht annehmen können.

Mohammed Jouni: Ich komme jetzt noch mal auf das Thema Setting zu sprechen. Warum es zum Beispiel gut war, dass ich bzw. dass bestimmte Leute diese Workshops unterstützt und begleitet haben. Ich glaube, dass die Tatsache meiner eigenen Biografie, dass ich bestimmte Prozesse genau wie die Jugendlichen durchgemacht habe, einen Mehrwert hat. Damit meine ich einen bestimmten Aufenthaltsstatus, eine Duldung zu haben, in eine Willkommensklasse zu gehen, von der Gesellschaft, in der Schule ausgeschlossen zu werden usw. Ich habe am Anfang kurz von meinen Erfahrungen erzählt und dann hatten – glaube ich zumindest –

die Jugendlichen weniger Hemmungen oder Scham. Die Jugendlichen mussten nicht übertreiben, um gehört zu werden, sondern konnten einfach von ihren Erfahrungen berichten. Sie merken, dass sie mit diesen Erfahrungen nicht alleine sind und sich dafür nicht rechtfertigen müssen. Schuld oder Verantwortung liegen nicht bei ihnen, weil sie doof oder hässlich sind, sondern es handelt sich um eine Erfahrung, die sie, die viele gemacht haben. Dieser Fakt öffnet die Menschen und die Bereitschaft, zu erzählen. Ich kann mir vorstellen, wenn die Jugendlichen einem*einer Professionellen – Sozialarbeiter*in, Psycholog*in – gegenübersitzen, dann wissen sie in der Regel von ihrem Gegenüber wenig oder gar nichts. Sie kennen den Namen, die Berufsgruppe, die Öffnungszeiten, wissen aber nicht, wie diese Person aufgewachsen ist, was sie für Probleme hat, wie sie durch das Leben kommt. Dafür steht kein Raum zur Verfügung. Aber dann ist das Erzählen auch sehr beschränkt. Dafür war die Art und Weise der Gestaltung unserer Workshops gut.

Dorothea Zimmermann: Gleichzeitig finde ich es wichtig, dass wir als Gegenüber einfach neugierig sind. Aber vielleicht kannst du nachher auch noch ein bisschen was über die Gruppe an sich erzählen, wie sie entstanden ist, was für eine Form von Gruppe das überhaupt ist. Denn natürlich haben wir keinen Anspruch auf repräsentative Ergebnisse. Es handelte sich bei der Gruppe um Jugendliche, von denen der Großteil begleitete Geflüchtete waren. Es gab nur zwei Jugendliche, die mit der Jugendhilfe Erfahrungen hatten, wobei aber viele welche kannten, deren Geschichten mit einflossen. Außerdem bedarf es einer bestimmten Grundeinstellung, um überhaupt in so eine Gruppe zu gehen wie JoG. Es handelt sich also um einen bestimmten, aber wichtigen Ausschnitt.

Mohammed Jouni: Absolut! Wir haben uns ja schnell klargemacht, dass wir nicht den Anspruch haben, jetzt DAS Buch über Geflüchtete zu schreiben. Das gibt es nicht und das wird es auch nie geben. Es handelt sich um einzelne Ausschnitte von Erfahrungen, die übertragbar sind auf ganz viele Jugendliche in der Stadt und in Deutschland. Diese Jugendlichen sind allerdings ein bisschen spezieller, weil sie schon bei JoG organisiert sind. »Jugendliche ohne Grenzen« ist 2005 aus einer Gruppe von Jugendlichen mit einem sehr prekären Aufenthaltsstatus entstanden. Damals trafen sich unterschiedliche Jugendliche im Beratungs- und Betreuungszentrum für junge Flüchtlinge und Migrant*innen (BBZ), wo wir auch die Workshops für dieses Buch durchführten und uns bis heute treffen. Dort bekamen und bekommen wir bis heute große Unterstützung, sowohl personell und finanziell als auch ideell. Die Jugendlichen trafen sich damals im BBZ, weil sie die Beratung in Anspruch nahmen, um ihre Probleme zu lösen: »Ich habe keinen Aufenthaltsstatus … ich darf das nicht … wie kann ich das lösen?« Die Sozialarbeiter*innen vor Ort, die größtenteils ein sehr starkes politisches Verständnis haben von dem, was sie machen, haben es irgendwann geschafft, einen Raum zu schaffen, der so ähnlich war wie dieser Raum, den wir jetzt in dem Workshop geschaffen haben. Jugendliche erzählten sich gegenseitig ihre Geschichten und stellten dann irgendwann fest, dass ihre Erfahrungen nicht individuell sind. Diese Erfahrungen erstrecken sich über Gender, Nation, Religion, Herkunft, Sprache und sonst was. Diese Erfahrung machen aber ganz viele Jugendliche in der Stadt.

Es gab – und das gibt es bis heute noch – eine sehr starke Begleitung der Gruppe, die auch sehr politisch ist: »Kommt, lasst uns gemeinsam einen Brief schreiben an die Abgeordneten, an das Ministerium, an die Verantwortlichen. Lasst uns gemeinsam eine Demonstration machen, eine Kundgebung, weil dieses diskriminierende Gesetz nicht in Stein gemeißelt ist. Das können wir auch als Jugendliche verändern. Das beweisen ganz viele Beispiele aus der Geschichte. So etwas wie Frauenwahlrecht war ursprünglich überhaupt nicht vorstellbar. So etwas wie die Abschaffung der Sklaverei war jahrhundertelang überhaupt nicht vorstellbar. Aber auch die Homo-Ehe und so weiter.« Das waren die Beispiele, die die Sozialarbeiter*innen vorgebracht haben. Ja, dann reden wir über Duldung. Auch die wird abschaffbar sein, wenn wir das gemeinsam machen. Ich glaube, sehr viele Jugendliche sind auch für politische Themen empfänglich, wenn das etwas mit ihrer Lebensrealität zu tun hat. Das zeigt JoG. Das sind Jugendliche, die sich organisieren, inzwischen in ganz Deutschland, und sehr politisch.

Dorothea Zimmermann: Also von Berlin ausgehend sind die Jugendlichen jetzt in ganz Deutschland organisiert?

Mohammed Jouni: Ja, wir haben uns 2005 entschieden, eine Konferenz zu machen. Parallel zu der Innenministerkonferenz in Baden-Württemberg, in der gleichen Stadt, um dort die Aufmerksamkeit abzufangen, auch die der Medien. Darauf aufmerksam zu machen, dass sie über UNS reden. Aber sie berichten nicht über uns, sie sprechen auch nicht mit uns. Also haben wir in ganz Deutschland Jugendliche eingeladen, dass sie dorthin kommen. Dann kamen sie auch dahin. Es haben sich daraufhin kleinere regionale Gruppen gebildet, die teilweise bis heute noch existieren.

Die Idee lebt weiter und jetzt geht es darum, die Gruppen regional viel stärker zu verankern. Die Struggles und Challenges, denen wir heute in Berlin begegnen, sind nicht die gleichen wie in Cottbus, in Köln, in Kiel und so weiter. Ich finde es wichtig, das nicht zu vernachlässigen: »Na ja, das sind Jugendliche, so richtig mit Politik haben sie nichts zu tun.« Nein! Das sind oft Jugendliche, die entweder alleine oder mit ihren Familien geflohen sind wegen der Politik, weil sie Parteien gegründet haben, weil sie Zeitungen geschrieben haben, weil sie bei einer Demo dabei waren. Die sind absolut politisch und sie verstehen sehr gut. Sie finden oft keine Worte für ihre Erfahrungen, aber sie merken, als Mädchen mit Kopftuch gucken die mich besonders an, ich werde in der Schule so angesprochen, ich mache als schwarzer Mensch in Deutschland bestimmte Erfahrungen. Sie haben vielleicht keine Worte dafür und können das ganz oft auch nicht als Rassismus oder Diskriminierung bezeichnen. Aber sie da abzufangen, mit ihrer Lebensrealität, mit ihren Lebenserfahrungen, und dem einen Namen zu geben, dafür Strukturen zu geben und das als System verständlich zu machen, das ist der erste Weg von Empowerment.

Dorothea Zimmermann: Ja, der erste Weg von Empowerment und der Weg, den die »Jugendlichen ohne Grenzen« als erstes so gegangen sind. Es freut mich, dass die Gruppe so Spaß daran hatte und das für sich auch als einen wichtigen Ort gesehen hat, dieses Buch zu machen. Jetzt sind wir neugierig, wie die Menschen auf den Band reagieren und wie er gesehen wird.

Mohammed Jouni: Ich kann den Leser*innen nur empfehlen, schreibt Bücher und freut euch auf so einen Prozess von Schreiben, von Erzählen. Schafft gute Räume dafür, das kann unheimlich viel Spaß machen und sehr, sehr nachhaltig sein.

Wer ist das Autor*innenkollektiv?

Zum Autor*innenkollektiv »Jugendliche ohne Grenzen« gehören Viana Tamir, Havere Morina, Alin Ahmad, Amna Ben Yousef, Hawa Souma, Fatima Khalil, Reem Alaswad, Kajin Ahmad, Wahed Khan, Çingiz Sülejmanov und weitere Jugendliche, die anonym bleiben möchten. Koordiniert wurde das Autor*innenkollektiv von Mohammed

Jouni. Er ist Mitbegründer der Selbstorganisation »Jugendliche ohne Grenzen« und Sozialarbeiter im BBZ – Beratungs- und Betreuungszentrums für junge Flüchtlinge und Migrant*innen. Als Empowerment-Trainer ist er im Rahmen politischer Bildungsarbeit bundesweit unterwegs und führt Seminare und Workshops durch, insbesondere für und mit jungen Geflüchteten und Migrant*innen (m.jouni@yahoo.de).

Einige der Jugendlichen stellen sich vor. Die Selbstbeschreibung der Jugendlichen wurden aus Respekt grammatisch und orthografisch unverändert übernommen.

© Aline Reinsbach

Ich heiße *Havere Morina,* bin Im Kosovo geboren und lebe seit 2014 in Berlin. In Berlin wohne ich allein. Meine Hobbys sind Zeichnen, Theater, Fußball spielen, Filme machen, mit den anderen über politische Themen diskutieren, aber auch andere Themen. Ich Reise gerne, möchte die Welt sehen und die Unterschiede. Zur Zeit besuche ich die Hotelfachschule, da mache ich meinen MSA und habe bestanden. Ab August besuche eine Sozialwesen-Schule und dort werde ich mein Abitur machen. Zurzeit mache ich ein Praktikum bei Berlin Mondiale. Ich bin bei JoG aktiv seit 3 Jahren.

Wer ist das Autor*innenkollektiv?

Ich heiße *Alin Ahmad* und komme aus dem Irak. Ich bin seit drei Jahren hier in Deutschland und wohne in Berlin mit meiner Familie. Meine Hobbys sind Kochen, Schwimmen und Radfahren. Ich mache gerade BQL und bin auf dem Sprachniveau B2. Am Ende dieses Schuljahres schaffe ich eBBR. Ich bin aktiv bei JoG seit 6 Monaten. Ich habe in Berlin ein Praktikum als Arzthelferin und als Gärtnerin gemacht. Ich möchte Hebamme oder Sozialarbeiterin werden.

Ich heiße *Viana Tamir* und bin ich in Alqamschli (Syrien) geboren. Ich wohne in Berlin seit zwei Jahren und ich bin seit drei Jahren hier in Deutschland. Zuerst war ich in Bayern. Hier in Berlin wohne ich mit meiner Mutter und meinen Geschwistern. ich male gerne und schreibe einen Roman. Auch ich mache gerade den BQL und habe ich ein Sprachniveau-B2-Zeugnis. Am Ende dieses Schuljahres schaffe auch ich den eBBR. Ich bin aktiv bei JoG seit 6 Monaten. Ich habe auch hier in Berlin ein Praktikum als Arzthelferin und als Gärtnerin. In der Zukunft würde ich Sozialarbeiterin studieren und im BBZ arbeiten und in JoG aktiv bleiben wollen.

Wer ist das Autor*innenkollektiv?

Ich bin *Fatima Khalil* und bin 17 Jahre alt. Ich komme aus Syrien und ich lebe seit zweieinhalb Jahren in Deutschland. Als ich nach Deutschland kam, wohnte ich zuerst in Magdeburg. Meine Freunde finden, dass ich eine nette Person bin. Sie finden außerdem, dass ich ehrlich, freundlich, hilfsbereit und stark bin. Meine Hobbys sind malen und Basketball spielen. Ich mache auch gerne Taekwondo. Ich möchte in der Zukunft gerne eine Allgemein-Chirurgin werden.

Ich bin *Amna Ben Yousef* und 19 Jahre alt. Ich bin seit 8 Monaten in Deutschland. Meine Hobbys sind Fußball spielen. Ich schminke mich gerne nach Make-up Tutorials. Ich mache auch gerne Sport und esse gern. Ich mag Kinder sehr und möchte gerne Erzieherin werden.

Ich heiße *Kajin Ahmad* und komme aus dem Irak. Ich bin seit drei Jahren hier in Deutschland. Ich wohne in Berlin mit meiner Familie. Meine Hobbys sind Tanzen, Singen und Schwimmen. Ich bin gerade in der 7. Klasse. Ich bin aktiv bei JoG seit 6 Monaten. Ich möchte Polizistin werden.

Ich heiße *Wahed Khan,* bin 22 Jahre alt, komme aus Afghanistan und lebe seit 2012 in Berlin. Mit dem Abitur bin ich bald fertig, dann möchte ich Ingenieur werden. Seit 2014 bin ich aktiv bei JoG, davor war ich bei Refugee Report aktiv und in anderen social organisations. Nebenbei bin ich seit 2016 Moderator bei dem Open Stage des Grips Theaters »Mensch Willkommen«. Seit 2007 schreibe ich ein Buch.

Ich bin *Tschingis Sülejmanov* und lebe seit 5 Jahren in Berlin. Davor habe ich in Mecklenburg Vorpommern gelebt. Ursprünglich komme ich aus Aserbaidschan.

Obwohl ich Mathematik Studiert habe, hat mein jetziger Job nichts Mit Mathematik zu tun. Ich arbeite in einem Beratungszentrum für Geflüchtete Menschen und bin nebenbei als selbstständiger Referent, Workshop-Leiter und Teamer für Politische Bildungsarbeit tätig. Diese Arbeit erfüllt mich vollkommen und ich möchte bald ein Studium der Sozialen Arbeit beginnen.

»Jugendliche ohne Grenzen« erzählen …

Flucht und Ankommen in Deutschland

Mit 14 habe ich das Kopftuch getragen, schon 6 Monate in der Schule. Im Dezember 2014 sind wir losgegangen vom Kosovo, und da haben wir auf der Straße schreckliche Sachen gesehen. Und dass ich da nicht gestorben bin in Ungarn … Ich bin dankbar, dass ich immer noch lebe, weil das war richtig schlimm.

Am Anfang, als ich neu angekommen bin, war es sehr, sehr schwer. Ich bin hierher gekommen, weil ich Stress in meinem Land hatte und weil meine Familie arm ist. Ich hatte keine gute Kindheit, meine Familie hat kein Geld. Wir haben Stress zu Hause, viel Stress. Dann komme ich nach Deutschland und ich habe überhaupt keine Ahnung. Dann ist da noch mehr Stress, immer ist irgendwas. Wenn du zum Beispiel Asyl beantragt hast und dein Status ist nicht gut. Du musst so und so viel machen, bei mir gab es viel Stress. Immer musste ich in der Nacht viel weinen, weil ich habe meine Familie da gelassen. Ich mag meine Familie, wegen dem Stress bin ich weg. Bevor ich das hier [JoG und BBZ] kennengelernt habe, war ich immer alleine in Deutschland und habe immer geweint. Immer, wenn ich zur Schule gehe. Ich komme immer hierher, damit ich ein bisschen runterkomme. Ich bin immer allein. Meine Situation ist schwer … Ich vermisse meine Familie. Ich hatte viel Stress und es ist immer noch sehr schwer für mich, viel zu schwer. Wenn ich denke, ich habe keine Familie mehr, schon so lange, ich habe sie da gelassen. Ich wohne hier, keine Familie, kein Nichts, wenn ich nach Hause gehe, ich bin alleine. Manchmal frage ich mich, was passiert mit mir.

Ich bin in dem Zimmer, keiner weiß, was mit mir passiert, ich bin viel alleine.

Tränen waren alles, was ich hatte, wenn die nicht wären, ich wäre verrückt geworden. Keine Ahnung, man braucht einfach die Zeit, um alleine zu sein, auch wenn ein Freund da ist. Bei mir waren auch Freunde, die saßen da, aber ich habe nicht mit ihnen geredet. Ich war alleine. Ich bin gelaufen und habe Musik gehört, und die Leute kamen zu mir.

Ich glaube, was wichtig ist, wenn wir klein sind, sagen unsere Väter zu uns: »Weine nicht, du musst stark sein, weine nicht, weine nicht.« Aber Weinen ist so wichtig, so wichtig! Auch dieses nicht immer Darüberreden, also Reden ist wichtig, manchmal ist auch mit Sich-selber-Reden sehr, sehr wichtig, und auch Weinen ist wichtig, das ist auch Verarbeiten. Wir können nicht den ganzen Tag stark sein, wir sind stark, wir sind in Deutschland. Wir haben den ganzen Weg, ob das jetzt aus Mali, Libanon, Libyen, überall, den ganzen Weg hierher geschafft. Wir sind hier, weil wir stark sind, aber manchmal sind wir auch schwach, weil der Stress ist einfach sehr groß, und dann müssen wir auch weinen.

Wenn man neu in Deutschland ist, gibt es viele Sachen, wo wir viel darüber nachdenken. Wir machen uns Sorgen um unsere Familie, unsere Freunde, der Asylantrag, dann Schule, dann Bewerbung, viele Sachen. Das macht Stress.

Als wir nach Deutschland kamen, die sagten immer »geradeaus«. Wir fragten: »Welchen Weg muss man nehmen?« Immer geradeaus, geradeaus, geradeaus, die können gar nicht mehr, aber du musst halt. Es gibt viele Grenzen, viele Gegenstände, die in deinen Weg kommen und deswegen musst du manchmal rechts, manchmal links, und dann kommen ja Barrieren dazwischen und du musst die überspringen und musst einen anderen Weg nehmen für dein Ziel.

Als ich 12 war, sind wir von Libyen nach Deutschland gegangen. Wir hatten nur einen Koffer dabei. Zuerst meine Mutter und mein Bruder, weil mein Bruder krank ist. Und dann ich und meine kleine Schwester. Und dann meine andere Schwester. Wir sind drei Schwestern, drei Gruppen.

Mit 14 hat sich mein Leben verändert. Nicht nur, weil ich Kopftuch getragen habe, sondern auch, weil ich dann weg bin von meinem Land. Und egal, wie traurig du bist, egal, wie viele Freunde du hast, egal, welche Leute du hast, egal, wie viel die dich lieben, egal, wie sehr du mit ihnen bleiben willst, eines Tages musst du sie verlassen, egal wann. Dann bin ich nach Deutschland gezogen und alles war neu, ein neuer Anfang, wie von Geburt an, eine neue Sprache, ein neuer Weg, und so, alles …

Wie wir mit der Familie von Libyen nach Deutschland gekommen sind, das ist etwas, was ich niemals im Leben vergessen werde, schön, traurig, alles.

Bei mir diese Welt, in der man alleine ist, erwachsen, verliert die Freunde, beginnt diese Welt zu verstehen, mit 15, man möchte nur alleine bleiben.

Egal wann du losgehen musst, du musst irgendwann los. Egal ob alleine, ob mit Freund oder Familie, du musst deinen Weg irgendwann gehen und für dich Verantwortung übernehmen. Du musst einfach weggehen, du hast keine Ahnung warum, warum das so ist.

Ich stelle mir immer noch die Frage, warum müssen wir das Ganze erleben, wozu ist das Ganze vom Leben bis zum Tod, warum müssen wir das erleben? Jeder Mensch hat ja eine andere Biografie, wie dein Leben gelaufen ist, weil jeder einzelne Mensch ist anders. Manche sind geboren in einer reichen Familie, sind glücklich, haben alle Möglichkeiten und sterben auch reich. Manche sind arm, werden reich, manche sind reich, werden arm. Manche müssen flüchten, manche müssen Krieg erleben, manche müssen schlimme Sachen erleben.

Ja, aber das Ganze macht keinen Sinn, okay. Du lebst, du machst das und fertig.

Das ist die große Frage, manche sagen: »Es ist ein Plan, du bist ein Teil vom Plan«. Für mich ist das kein Plan, wenn Kinder sterben. Das kann nicht zum Plan gehören, wenn Menschen sterben. Aber für einen, der denkt, es gibt einen Plan, ist es am Ende egal. Aber für mich ergibt das keinen Sinn. Das sagen eher Leute, die gläubig sind. Die sagen: »Gott hat einen Plan und alles ist im Plan drin«. Für mich gehört das nicht alles in den Plan. Ich habe auch viel über andere Religionen gelesen und solche Sachen gehört. Vielleicht ist es auch so, dass Gott nicht will, dass Leute einfach umgebracht werden. Gott sagt in allen Religionen: »Ich habe dir ein Leben gegeben und du führst Krieg und tötest.« Und dann sagst du: »Gott hat das gemacht.« Das ist für mich Verantwortung abgeben.

Es heißt, wenn Menschen viele Erfahrungen gemacht haben, macht sie das stark. Das stärkt einen manchmal aber auch gar nicht, manchmal macht einen das schwach.

Es ist mir egal, in welchem Land, welcher Ort und wo das wäre, weil für mich ist das immer so. Das Land hat für mich keine Bedeutung. Wo ich bin, sehe ich nette Menschen oder Menschen meiner Art sowie Menschen, die aus meinem Heimatland gekommen sind oder dort geboren sind oder meine Verwandten. Also für mich hat ein Land nicht so viel Bedeutung, weil Menschen sind alle Menschen, egal welche Farbe, welche Art Pass und so.

Erinnerungen

Ich sehe noch dieses Bild, wie Kinder in der Wiege gebettet werden. Das ist bei uns die Tradition, die jeder kennt. Jeder hat so was, und in der Ecke, da vorne ist die albanische Flagge, weil das bei uns halt Tradition ist. Und wir machen dasselbe.

Die Mutter nimmt das Kind, das Kind ist geboren, das ist so in der Hand von der Mutter. Wir waren alle mit unserer Mutter zuerst, sie hat uns so viele Sachen erzählt.

Die Affen, die nichts sehen, nichts hören und nichts reden, haben für mich eine andere Bedeutung: Das stellt die Geburt dar, man hört nichts und man sieht nichts. Man ist blind, man weiß nicht, was passiert im Leben und man lernt ein bisschen von den Erwachsenen.

Ich bin in Mali geboren, in einer kleinen Stadt, und dort aufgewachsen. Meine Familie lebt noch in Mali in der Stadt, und dort leben meine Eltern immer noch. Wir hatten einen kleinen Hund, aber der gehörte uns nicht, sondern unserem Nachbarn gehörte der. Aber er kam immer zu uns und dann einmal, ich wollte zum Nachbarhaus gehen, und der Hund hat mich gebissen. Als ich kleiner war, ich war vielleicht 12 oder 13 Jahre und mein Vater hat mich dann ins Krankenhaus gebracht. Seitdem habe ich Angst vor Hunden.

Erinnerungen

Ich war das kleinste Kind in der Familie unter den Cousins. Die haben immer Fußball gespielt. Die sind immer gerannt und ich war immer langsam. Mein Wunsch war immer, dass ich schneller werde und mit denen irgendwas zusammen machen kann, wie ein Leopard.

Erinnerungen an meine Familie, als ich 5 Jahre alt war: Es war so, dass mein ältester Bruder 10 Jahre älter als ich war und ich hatte drei Schwestern. Als ich in diese Welt geboren wurde, haben sie mich immer als Prinz geschminkt. Sie haben mir jeden Tag meine Haare geschnitten, immer kurz. Ja, das war meine Kindheit mit 5 Jahren. Ich habe noch Fotos von mir, als ich klein war, mit Brille und auch mit 10 Jahren, als Pirat. Und da habe ich auch so Hip-Hop-Kleidung, ich war großer Fan von Eminem, ich habe immer so die Kleidung getragen wie er und seine Lieder auswendig gelernt, mit 10 Jahren.

Mit 7 hatte ich so einen Gedanken, dass ich zum ersten Mal um etwas gekämpft habe. Mit 7, da waren bei uns diese Mullahs, die wenn die Frauen zur Schule gehen, dann schmelzen sie Gift auf ihre Gesichter. Mit 7, da habe ich so etwas erlebt. Da bin ich drei Tage hintereinander in dieser Straße gegangen, damit ich diese Leute sehe, diese Mullahs und die Leute, die so etwas gemacht haben, damit ich sie nur mit einem Stein einfach schlagen kann. Weil ich konnte nichts machen, und das war meine beste Zeit, als ich diese Gefühle hatte.

Ich habe dieses Nilpferd gemalt, weil mein Land hat sich den Tiernamen gegeben, Mali heißt Nilpferd. Wir haben viele Nilpferde, aber keine freien, nur im Zoo. Es gibt eine Stadt bei uns am Wasser und da leben die Nilpferde, die sind aber weit, weit weg von uns, wenn wir reisen, dann sehen wir sie.

Früher, bis ich 15 war, habe ich so viel mit meiner Familie gelebt. Später hatte ich dann viele Probleme, meine Mutter ist geflohen nach Berlin und ich arbeitete für meinen kleinen Bruder. Als ich 15 war, war das keine schöne Zeit, es gab viele Probleme, ich hatte viel Verantwortung für meinen Bruder übernommen. Ich habe auf ihn aufgepasst.

Mit 15 hatte ich meine schlechteste Zeit in meinem ganzen Leben. In dieser Zeit habe ich viele Freunde aus der Schule verloren. Sie waren so klein und sind gestorben. Und ich hatte dieses Bild im Kopf, von diesen Menschen, wie sie leben, wie sie gefunden werden, die hatte ich immer im Kopf, immer, und dann konnte ich in der Nacht nicht schlafen. Dann habe ich versucht, in dieser Zeit immer alleine Informationen über Religionen zu erhalten. Ich kannte den Koran, dann habe ich das Buddhistenbuch gelesen, dann die Thora, um zu verstehen: wieso existiere ich und wieso lebe ich überhaupt in dieser Welt und wieso sind Menschen so, dass sie sterben müssen. An diese Zeit habe ich sehr schlechte Erinnerungen.

Aber gleichzeitig war diese Zeit auch meine beste Zeit, weil mit 7 habe ich Fußball angefangen und mit 15 habe ich in einer richtigen coolen Mannschaft gespielt, wo ich auch viel Geld gekriegt habe. Da haben wir viele Pokale gekriegt. Ich habe sogar Pokale und Fotos, und nach einem Monat habe ich auch mein erstes Gehalt gekriegt. Von diesem ersten Gehalt habe ich einen MP3-Player gekauft und für eine Frau bei uns Gewürze. Für die hatte mein Vater immer Essen besorgt und immer was gekauft, weil ihre Kinder haben sie verlassen. Sie hat immer bei uns gewohnt, sie war eine alte Frau. Sie mochte diesen Ingwer sehr, bei uns ist Ingwer sehr wichtig. Und es gibt noch ein Gewürz, das sie immer getrunken hat, ich weiß, dass ich so etwas auch für sie gekauft habe.

Ich glaube, mit 15 stellen sich viele Jugendliche Fragen über Gott und Religion und was ist das. Ist das die richtige Religion? Und was ist der Islam und das Christentum? Ist das überhaupt richtig? Gibt es überhaupt Gott? Ich glaube, mit 13, 14, 15, das ist so die Zeit, wo man selbständig darüber nachdenkt, weil davor, hat man sehr viel von Mutter und Vater, die erzählen das einem, und später macht man sich so Gedanken.

Verliebt sein kann ja bedeuten, wenn du einen Jungen siehst und du magst ihn, dann so, das heißt ja nicht zusammen sein, aber ich mag das so, jeder hatte das, das ist normal.

Familie

Meine Eltern haben gesagt: »Weine nicht, weine nicht«, die ganze Zeit! Und seit ich 5 Jahren alt war. Bis jetzt habe ich gar nicht geweint. Aber als sie abgeschoben wurden, ich dachte, sie haben mir versprochen, dass sie immer bei mir sind, dass sie immer an meiner Seite stehen, aber wo sind sie jetzt? Dann dachte ich, okay, jetzt ist die Zeit zum Weinen. Das muss irgendwie rauskommen, sonst kann ich nicht mehr und dann habe ich angefangen zu weinen. Aber niemand konnte mich auffangen, trösten. Und dann war ich sauer, wenn jemand zu mir gesagt hat: »Weine nicht, weine nicht«, weil es reicht jetzt. Ich habe bis jetzt nicht geweint. Es reicht.

Mein Onkel meinte, als er in Europa war, hätte er vieles gesehen. Deshalb hat er Angst, dass wir so werden und deswegen macht er die Verbote.

Man kann Kinder nicht kontrollieren, man kann nicht sagen: »Du machst jetzt das und das nicht«, das funktioniert nicht. Kinder sind neugierig. Aber wie macht man das, dass man auch Freiheiten gibt, aber die Kinder trotzdem nicht drogensüchtig werden, dass die Kinder nicht auf der Straße landen und dass sie nicht weglaufen? Wie kann man das am besten machen? Das ist die Frage, die ich mir früher immer gestellt habe.

Die Kinder wissen nicht, wie es den Eltern geht, auch wenn die Eltern die ganze Zeit glücklich aussehen. Die Eltern – nicht die Kinder – wissen, wenn was Schlechtes passiert, aber sie erzählen es nicht den Kindern. Wenn du erwachsen bist, dann verstehst du, was deine Familie für dich gemacht hat, aber du dachtest, dass alles gut war, dass du so reich warst.

Ich bin aus einem Land, in dem so seit vierzig Jahren Krieg herrscht. Also in meiner Familie hat Kinder zu haben nicht eine so große Bedeutung, aber ich weiß nicht, wie die Anderen da leben. Für mich ist es sehr interessant, keine Kinder zu haben. Ich habe sogar Angst davor, irgendwann Kinder zu haben.

Wenn man sagt, man muss seine Eltern respektieren, ja klar, aber was mache ich, wenn meine Eltern schlecht sind, meine Eltern böse sind? Was mache ich dann? Bleibe ich trotzdem zusammen oder löse ich mich ab? Ich kann damit nicht umgehen, dann versuche ich für mich, irgendwie eine gute Lösung zu finden.

Man hat eine bestimmte Menge an Energie, die man verbrauchen kann, und irgendwann zieht dich das runter und irgendwann kannst du nicht mehr, du hast keine Energie mehr. Ich habe ein paar Freunde, die von zu Hause weggegangen sind, weil die nicht mehr konnten. Entweder sterben, sich selber umbringen oder weggehen, das war die Entscheidung.

Bei mir ist es das Gegenteil. Ich hatte solche Eltern, die mich haben aufwachsen lassen, so dass ich selber Erfahrung machen konnte. Für mich waren sie die besten Eltern, die ich kenne.

Manchmal ist es besser ohne Familie, da ist in deinem Kopf mehr Ruhe.

Rassismuserfahrungen

Basketball möchte ich spielen, ob das mit Kopftuch geht, weiß ich nicht. Aber allgemein möchte ich das machen.

Beim Fußball ging das auch erst mal nicht, aber es gibt die Möglichkeit, ausländische Vereine zu finden, wo man auch mit Kopftuch spielen kann, wo andere auch mit Kopftuch sind.

Ich war in einem Verein, bei Herta, wo Deutsche waren, das hat halt gar keinen Spaß gemacht. Ich war da drei Wochen, weil es kompliziert ist. Die sprechen die ganze Zeit auf Deutsch und du wirst ausgegrenzt. Du kannst da mitmachen mit Kopftuch, aber du wirst ausgegrenzt, weil niemand so normal redet.

Die Angst vor Rassismus habe ich, vor Krieg oder Schlimmerem. Wir leben in Deutschland und wenn mehr Parteien wie die AfD stärker werden, – wir sehen anders aus, ihr tragt Kopftuch, wir haben schwarze Haare und so weiter und so fort – das heißt, wenn Nazis mehr werden, wird es wie damals Krieg geben. Wir müssen dann hier weg, können dann nicht mehr hier leben.

Zu den Regelklassen hatten wir Kontakt, weil wir, die Mathe konnten, konnten in die 9. Klasse in den Matheunterricht gehen. Aber da warst du immer ein Flüchtling, du warst ausgegrenzt, ausgeschlossen. Die haben dich nicht gemocht als Flüchtling. Die waren richtige Rassisten und so, ja, die haben sehr viel geredet.

Es waren auch Ausländer da, aber die waren mehr als sechs Jahre hier und deswegen war Ausländer gegen Ausländer, und das geht eigentlich nicht. Es waren zwei oder drei Deutsche in der ganzen Schule.

Es war schlimm. Die deutschen Mädchen und Jungen, die haben so viele schlechte Wörter gesagt über die Flüchtlinge, und ich war alleine aus einem anderen Land und ich habe das verstanden, aber ich konnte nicht antworten. Aber ich sollte nichts machen, ich konnte nichts machen. Das war wirklich schlimm. Ich wollte nicht noch mal in dieser Klasse sein. Bei mir war die Willkommensklasse besser, hundertmal besser als die Regelklasse.

Ich hatte, als ich 5 war, sehr viele Pläne, was ich in Zukunft machen will. Und was ich für Ideen hatte! Ich kam mit 5 oder 6 Jahren in die Moschee, in die Koranschule. Mit 10 Jahren lernte ich noch ganz viele Sachen neu in der Schule, wie man sich bewegen soll, was man in der Schule tun soll.

Früher bin ich so gerne zur Schule gegangen, ich wollte gar nicht zu Hause bleiben.

Ich mag es, in die Schule zu gehen. Als ich klein war, habe ich immer geweint, wenn ich andere Kinder gesehen habe. Ich wollte zur Schule gehen, aber meine Eltern hatten kein Geld. Das kostet viel Geld, da wo ich gelebt habe. Aber hier in Deutschland habe ich die Chance gehabt, etwas zu lernen. Jetzt mache ich die 9. Klasse, und ich freu mich, was zu lernen, damit ich weiß, was passiert. Wenn man lernt – wie soll ich das sagen –, dann öffnet sich eine andere Tür, dann weißt du, was passiert in dieser Welt.

Manchmal bin ich in Deutschland sehr gerne zur Schule gegangen. Ich hatte mal eine Lehrerin, ich habe ihre Nummer, wir halten zusammen. Wenn ich Probleme hatte oder so was, dann haben wir uns unterhalten. Oder die Lehrerin geht einkaufen für mich. Aber manchmal zum Beispiel, bei anderen Menschen, die mir eigentlich helfen wollen, wenn es mir schlecht geht, dann habe ich schlechte Laune.

Der Lehrer ist gut immer dann, wenn er macht, was der Schüler sagt. Aber das ist nicht immer so, aber es gibt diese Vertrauenslehrer, die Erfahrungen haben. Ich war in der Willkommensklasse und meine Mathelehrerin war sehr nett und so, und ich habe immer noch Kontakt zu ihr. Und ich schwöre, wenn jemand so eine Lehrerin findet, das ist ein Geschenk von Gott.

Bei manchen Lehrern ist es so: Du erzählst ihnen, weil du denkst, das ist die richtige Person. Aber am Ende sagt der: »Ja, was machst du überhaupt hier?« Und du denkst dann: »Was willst du jetzt von mir?« Dann habe ich auch die Schule gewechselt.

Das Besondere an meiner Lehrerin war, dass ich ihr vertrauen konnte oder ich habe es mir vorgestellt. Die ist hier geboren, aber ihre Eltern waren halt Kurden oder Türken, das weiß ich jetzt nicht. Deswegen dachte ich, die hat einen Migrationshintergrund, die weiß was, wie es ist, alleine zu sein. Oder wie wichtig es ist, mit anderen Leuten zusammen anderen Leuten zu helfen. Sie hat mir so sehr geholfen, sie hat mir alles noch mal erklärt. Bei den anderen Lehrerinnen konntest du dich die ganze Zeit melden und du bist doch nie drangekommen.

Wie ist es in der Schule, wie ist es in der Willkommensklasse?

In der Willkommensklasse sind nur Flüchtlinge, nur Menschen, die neu in Deutschland sind. Es ist gut, es ist ruhig, besser als die Regelklasse, wir lernen so wie in der Regelklasse, wir bereiten uns vor auf die Regelklasse.

Es ist besser als in der Regelklasse, nicht schlechter, weil wir sind weniger Leute dort. Wir können langsam lernen, nicht so schnell.

Während der ersten drei Monaten waren nur syrische Leute in der Klasse. Da habe ich angefangen, Arabisch zu lernen, bevor ich Deutsch gelernt habe. Dann sind die Lehrerinnen ein paar Mal gekommen und haben miteinander geredet und haben uns verboten, Arabisch zu reden. Sie haben geschrien, wer so redet, bekommt eine sechs oder geht nach Hause. Dann mussten wir immer Deutsch reden. Dann haben wir irgendwann angefangen auf Deutsch miteinander zu reden, dann meinte die Lehrerin: »ihr seid zu laut«, und dann durften wir nicht reden. Aber es hat Spaß gemacht, weil wir viele Ausflüge gemacht haben und uns schnell kennengelernt haben. Dann haben wir auch viel zusammen gemacht, wir waren wie Geschwister, weil wir alle Ausländer sind. Du fühlst dich wohl, weil der Andere dich versteht.

Aber wenn du in die Regelklasse kommst, dann weißt du, dass dein Leben weitergeht, du musst weiter lernen. In der Willkommensklasse warst du irgendwie verloren, es hat zwar Spaß gemacht und so, aber es war wie ein Hobby, du musst halt irgendwie anfangen.

Es war nicht wie richtige Schule. Ich hatte davor schon viel gelernt, ich hatte die 10. Klasse fast fertig. Aber dann war ich hier mit Analphabeten in einer Klasse. Ich dachte, wie soll das gehen? Deswegen habe ich auch die Schule gewechselt. Ich kam in die neue Klasse, in der sie die ganze Zeit über Flüchtlinge lesen und sie reden über den Krieg, über den Kosovo und was passiert ist. Die Geschichte habe ich schon im Kosovo gelernt. Und die Klasse: auch alles Ausländer, aber sie haben den deutschen Pass und ich als die Einzige. Jede Stunde musste ich weinen und rausgehen, und das war zu viel für mich. Und dann dachte ich: »Ich muss jetzt weiterkämpfen, egal, was sie sagen, die wollen mich nicht hier haben, aber wenn ich hier bin, dann bleib ich doch hier!«

Der Lehrer entscheidet, auf welche Klasse du nach der Willkommensklasse kommst. Du bekommst ein Zeugnis. Zwei von uns sind trotz Zuckerfest in die Schule gegangen, nur die beiden. Die beiden haben die Zeugnisse für das Gymnasium bekommen und die anderen nicht. Bis zum Tod bin ich sauer auf die Schule, weil jetzt bin ich hier am OSZ und nicht auf dem Gymnasium. Der Lehrer hat mein Leben kaputt gemacht und meine Chancen gebrochen. Ein Lehrer kann dein Leben kontrollieren, auch später, ist nicht mehr da und kontrolliert dein Leben immer noch.

Bei mir ist es nicht so. Als ich in der Willkommensklasse war, war unsere Klasse so wie eine Regelklasse, eine normale Klasse. Wir haben alle Fächer gehabt: Mathematik, Erdkunde, Biologie, Musik, Sport, Kunst. Ich war auf einem Gymnasium, das war so wie eine normale Klasse. Alle Lehrer waren nett, sie fragten immer, ob wir Hilfe brauchen. Jetzt in meiner Schule, die sind auch alle nett, alle sind Deutsche, ich bin die einzige Araberin, auch wenn ich etwas nicht verstehe, die erklären immer.

Bei uns, da waren auch Flüchtlinge, die türkischen und so, die einen deutschen Pass haben, die haben über uns Flüchtlinge geredet. Aber jetzt wir sind in der Berufsschule, die Schüler sind alle Deutsche und die sind so nett und freundlich.

Die perfekten Lehrer sollen nicht Lehrer oder Lehrerin sein, manchmal sollen die Freundin sein.

Aber Lehrersein ist halt ein Job in der Schule, wenn du mit einem Lehrer irgendwie befreundet in der Schule bist, dann hat der Lehrer Probleme. Ich bin jetzt zum Beispiel nicht mehr auf der Schule, aber mit der einen Lehrerin habe ich immer noch Kontakt. Sie ist jetzt meine Freundin, wir spielen zusammen Theater. Aber sie hat alles von Gott, ich weiß nicht, warum ich so eine Person kennenlernen durfte. Was habe ich richtig gemacht, dass ich so eine Person in mein Leben treffen durfte?

Es gibt ein arabisches Sprichwort: Der Lehrer ist wie ein Prophet.

Bei uns in der Schule im Kosovo ist es mit den Lehrern so, dass sie wie ein zweiter oder dritter Elternteil sind. Das heißt, der Lehrer ist auch dein Vater, er weiß alles, was dein Vater weiß, und er passt auf dich auf wie ein Vater.

Hier in Deutschland, du hast auch Lehrer, die kommen und die schreien rum. Sie schreiben was an die Tafel und dann sagen sie: »Schreib ab!«, ob du was verstanden hast oder nicht.

Bei mir sind manche nicht nett, die lachen die ganze Zeit, wenn ich was falsch sage, die Schüler. Die Lehrer sagen nur manchmal was dazu.

Ich glaube, jeder von uns hat seine Motivation in Deutschland verloren. Ich habe die Schule gewechselt, bin jetzt irgendwo an einer Schule, das ist schön jetzt. Aber ich habe jetzt auch keinen Bock mehr weiterzumachen. Auch wenn ich weiß, ich muss das machen, weil ich bin ja deswegen hier. Aber wenn du so viel erlebt und gesehen hast wie ich, ich weiß nicht. Nur meine Mathelehrerin war nur eine Gute. Von fünf Lehrern war nur eine Gute.

Das ist das Schöne in Deutschland, es gibt eine Sache, die richtig gut ist. Du kannst auch wenn du 20, 30, 40, 50 Jahre alt bist, noch in die Schule gehen. Das ist vielleicht ein kleiner Trost. Das heißt auch, wenn du als Kind in der Schule schlecht warst, man kann später auch in die Schule gehen, Abitur machen oder Studium. Du kannst zuerst eine Ausbildung machen oder Familie gründen und dann kannst du später immer noch was anderes machen. Das ist so ein bisschen das Schöne in Deutschland.

Ja, das ist schön, aber ich weiß nicht, wie es gehen soll. Ich finde es auch komisch, weil es sind manchmal zu viele Möglichkeiten, aber wenn du die Möglichkeiten nicht nutzt, dann bist du schuld, dass du gescheitert bist.

Ja, das ist so, wenn man zehn Wege gehen kann, dann entscheidet man sich automatisch gegen andere Wege, wenn man einen geht. Zu viele Möglichkeiten machen manchmal auch Stress.

In meinem Land ist es so, wenn du das jetzt nicht machst, du hast keine Chance mehr und deswegen machst du das jetzt.

Bei uns geht gar nichts mehr. Wenn du 25 bist und du sagst, du gehst noch zur Schule, die denken du bist verrückt.

Bei uns ist man mit 16, 17 fertig mit der Schule. Und dann am besten sofort studieren. Mit Anfang 20 musst du schon einen Job haben.

Aber bei uns gehen die Kinder auch früher in die Schule. In der Kita dürfen die noch spielen. Und dann in der Schule dürfen sie das nicht mehr, und mögen die Schule deswegen nicht.

Am Anfang fand ich gut, dass in der Schule Deutsch geredet werden sollte, weil die Araber haben die ganze Zeit Arabisch geredet. Ich war allein mit meiner Schwester und die Lehrerin war dann die ganze Zeit bei uns. Dann dachte ich: »Ja, okay, aber du musst denen auch was beibringen, sonst reden wir hier die ganze Zeit und die bleibe ihr ganzes Leben hier in dieser Klasse.« Dann sind 2016 auch andere Albaner in die Klasse gekommen und wir haben Albanisch und Arabisch zusammen geredet. Weil die Lehrerin nichts verstanden hat, redeten wir die ganze Zeit auf Deutsch. Wir haben dann direkt zwei Monate auf Deutsch geredet, und dann sagte sie, es reicht ihr jetzt. Sie schickt uns raus und wir sagen: »Du wolltest, dass wir die ganze Zeit auf Deutsch reden, jetzt reden wir, was willst du?« Es war gut, jetzt nur Deutsch zu reden, sonst hätte ich auch kein Deutsch gelernt.

Bei den Therapeuten hast du gesagt, dass es besser ist, wenn der Therapeut eine deutsche Person ist. Bei der Lehrerin hast du gesagt, es war gut, dass sie keine Deutsche ist. Wie ist denn das, gibt es bei euch an der Schule Lehrkräfte, die nicht Deutsche sind? Türkisch, arabisch oder andere?

Es ist nicht so, dass uns die ausländischen Lehrer besser verstehen. Ich habe das erst später verstanden. Ich habe die ganze Zeit gedacht, sie hat mich verstanden, und auf einmal kommt raus, sie hat mich gar nicht verstanden.

Dann denke ich, ich könnte kein Deutsch. Sie hast irgendwas mit mir geredet, aber sie hat mich nicht verstanden. Ich meinte: »Okay, danke.«

Wir lernen noch außerhalb der Schule Arabisch oder Kurdisch.

Bei den Sozialpädagogen an unserer Schule habe ich gesehen, dass sie alle Ausländer zwingen, eine Ausbildung zu machen. Es gibt da drei deutsche Schülerinnen und Schüler, die einen Migrationshintergrund haben.

Es gibt ein paar Treffen innerhalb von sechs Monaten, in denen muss sie eine Schule für uns suchen. Und sie fragt die ganze Zeit: »Welche Ausbildung willst du machen?« Sie sagt: »Zur Schule kannst du später gehen, mach du jetzt eine Ausbildung.« Das finde ich halt komisch. Es gibt auch Sozialarbeiter, aber da fehlt halt auch das Vertrauen, weil du Angst hast, dass die alles weitererzählen und dass dann etwas Schlimmes mit dir passiert.

Bei mir, das war so: Ich war auch auf der Schule, ich war auch in einer Willkommensklasse, aber nur kurze Zeit. Danach war ich auf der Hauptschule, weil meine Lehrerin mich auf die Hauptschule geschickt hat, weil sie dachte, ich bin dumm. Sie hat gedacht, ich kann kein Deutsch, ich kann gar nichts. Dann war ich in der Hauptschule und es gab einen Lehrer, ich will jetzt hier seinen Namen nennen: Herr Gombert. Der war so, wie du eben gesprochen hast, wie vom Himmel. Der hat mir richtig viel geholfen, mich richtig viel unterstützt. Dann war ich später auf der Realschule und dann auf dem Gymnasium, Abitur und so. Das ist auch so ein bisschen Glück, aber weil es Lehrer gab, die haben mir geholfen.

Wenn du Probleme hast und du hast niemanden, dann kannst du es ja erst einmal dem Lehrer, der Lehrerin erzählen, es gibt immer irgendeine Lehrerin, der du vertrauen kannst.

*Jugendhilfe und Sozialpädagog*innen*

In Deutschland ist 18-Jahre-alt-Werden ein sehr wichtiges Datum. Mit 18 darfst du viele Sachen dann machen: mit 18 darf man Führerschein machen, mit 18 kann man wählen. Ein wichtiges Datum, besonders in der Jugendhilfe, weil du ab da alles selber machen musst. Bis jetzt habe ich zum Beispiel nichts unterschrieben, weil das alles meine Rechtsanwältin gemacht hat. Zuerst dachte ich: »Jetzt ist alles besser«. Aber Scheiße: Ich habe erst mal diese gelben Abschiebungsbriefe bekommen. Jetzt, als ich 18 wurde, ist morgens dieser Brief gekommen. Ich dachte: »Scheiße, was soll das jetzt?« Aber da stand nur die Bestätigung drin, dass ich jetzt 18 Jahre alt geworden bin und dass ich jetzt selber den Asylantrag stellen muss. Aber du kriegst halt Angst, wenn du weißt, was passieren kann. Du musst dann halt vieles selbst machen und dich selber drum kümmern. Manchmal habe ich den Eindruck, dass ich jeden Tag diese gelben Briefe bekomme.

Seit zwei Jahre bin ich in der Jugendhilfe. Vorher hat meine Betreuerin die ganzen Briefe für mich unterschrieben. Jetzt darf ich das auch machen: unterschreiben, Briefe wegschicken, Anträge stellen. Das ist gut und auch schlecht.

Manchmal dachte ich in der Zeit, in der ich in der Jugendhilfe war, die machen einen kaputt. Manchmal dachte ich: »Ich bringe mich um.« Aber ich wusste, dass das verboten ist. Ich habe das schon mal versucht, aber ich habe an die Leute gedacht, dass sie für mich leben, dass sie mich mögen.

Das ist gut, dass ich vieles jetzt selber machen kann, aber manchmal habe ich keine Ahnung. Dann fragen sie mich zum Beispiel etwas, was nur für sie wichtig ist, oder was sie schneller machen müssen. Aber was mir wichtig ist, zum Beispiel über meine Familie oder andere Fragen, reden sie nicht. Sie wissen, dass es mir schwerfällt, über meine Familie zu reden, da haben sie mich zum Psychologen geschickt.

Wenn ich Cola nicht habe, dann werde ich ganz schnell sauer und gereizt, streite mich schnell oder bin auch ganz kraftlos. Cola ist dann alles, was ich habe. Dann denken sie, dass ich das nur irgendwie mache, damit ich Aufmerksamkeit bekomme. Meine Betreuer sagen das auch, die wollen, dass ich was esse und nicht nur Cola trinke. Aber ich denke nicht an Essen. Aber wenn ich andere sehe, die essen, dann esse ich auch mit denen zusammen. Für mich ist das okay, aber ich weiß, es gibt auch tausend Millionen Leute in Deutschland, die so was machen und niemand kann mit ihnen reden und sie erzählen nicht über ihre Erfahrungen.

Manchmal ist dieser Stress so viel und dann ist es sehr wichtig, dass wir Leute haben, mit denen wir reden. Zum Beispiel, dass wir das BBZ haben mit Walid (dem Sozialarbeiter dort) und anderen Menschen, die dort angestellt sind. Aber es ist auch wichtig, dass wir uns gegenseitig haben, weil viele von uns haben diese Erfahrung auch oder eine ähnliche Erfahrung. Es ist so wie du sagst, manchmal ist ein Psychologe gut und manchmal ist es nicht gut, und manchmal ist ein Freund besser.

Sozialpädagogen sind für mich vertrauensvolle Personen und ich habe nicht so viel Angst vor ihnen. Es gibt sie auch in Schulen und in Beratungsstellen.

Ich habe nie gesehen, dass es einen schlechten Sozialpädagogen gibt. Sie sind immer für uns da, wenn jemand Hilfe braucht, sie haben immer Lösungen. Zurzeit brauche ich sie zum Beispiel, und dann sind sie sind für mich da.

Zuerst habe ich keine Schule gefunden und sie haben mir geholfen. Da gab es so viele Angebote. Sie haben so viel geredet, mit den verschiedenen Stellen und mit mir, was gut für mich sein kann. Sie haben so geholfen, sowohl in Bezug auf meine Familie wie auch auf mich alleine.

In unserer Unterkunft waren nur Araber und dann war einer der Securitys Albaner. Für uns war es hilfreich, dass wenigstens einer Albanisch spricht. Als wir in dieser Unterkunft ankamen, an unserem ersten Tag in Deutschland, das war wie zu Hause. Da waren zwei Albaner da, die sagten erst mal: »Willkommen hier.« Das war gut. Dann war es auch gut, dass die Sozialpädagogen nicht da waren, denn wenn die da gewesen wären, dürften die von der Security das nicht machen: »Du kannst nicht so nett mit denen sein!«

Ich weiß nicht, ob es besser ist, wenn die Sozialarbeiter Araber sind oder Kurden. Bei den Deutschen hast du mehr Angst. Aber bei den Arabern hast du auch Angst, weil du denkst: »Das ist die gleiche Sprache, vielleicht verstehst du ihn besser. Es ist gut, dass du ihn verstehst, aber du musst auch daran denken, wenn du etwas Falsches erzählst, der wird das dann auch weiterreichen.« Ich hatte eine, die aus Italien kam, ich habe ihr Vieles erzählt, weil sie wie meine Oma war. Ich habe ihr vertraut und habe ihr alles erzählt. Dann, irgendwann, hat sie gesagt: »Ja, ich habe das weitergeleitet.« Und weil das etwas war, was ich nicht machen durfte, musste ich innerhalb eines Tages das Heim verlassen.

Egal wie viel Vertrauen du hast, bei dem was du sagst, du musst aber auch wissen, wie das Gesetz ist, nach dem sie arbeiten. Denn egal wie eng die Verbindung ist, die machen ihren Job trotzdem. Sie sagen vorher, dass sie nichts weitererzählen und erzählen es dann doch weiter. Oder sie sagen vorher gar nichts dazu. Aber das ist normal, dass die sagen, dass sie nichts weitererzählen.

Sie machen das, auch wenn du alleine bist ohne deine Familie, manchmal nehmen sie die Geschwister von dir und sagen: »Los, erzähl was in deiner Familie los ist.«

Das ist ein Vertrauensbruch, wenn sie die Kinder fragen, um Informationen über die Erwachsenen zu bekommen.

Für meine Zukunft: Wenn ich mit Walid (Charour, Sozialarbeiter, Mitbegründer vom BBZ) rede, er macht meinen Weg so einfach, was meine Lehrerinnen so schwer für mich machen.

Jetzt ist das BBZ wie ein Haus für uns, wie eine Familie. Im BBZ sind jetzt unsere Freunde wie Familie für uns. Wir machen hier Spaß, wir machen so viele Sachen, wir können über alles reden, viele Erfahrungen austauschen.

Aber ich wünsche mir auch, dass ich noch länger bleiben kann. Und ich wünsche mir auch, dass Walid nicht auf Rente geht und aufhört.

Wenn Walid in Rente geht, machen wir eine Demonstration. Er darf nicht, wir sammeln dann Unterschriften, so wie er es uns beigebracht hat, wenn uns etwas nicht gefällt. Walid ist aber auch zum Beispiel auch Sozialpädagoge.

Nachdem ich totale Probleme mit der Schule hatte, sagten sie, ich hätte keine Chancen, hier weiterzukommen. Dann war ich bei Walid. Der hat mir auch gesagt: »Deine Chancen sind so klein in Deutschland«, weil ich auch nur eine Duldung hatte. Aber Walid hat mich motiviert. Ich war sehr, sehr traurig, ich war richtig kaputt, ich dachte: »Jetzt passiert gar nichts«, aber er sagte: »Ich bleibe bei dir, ich unterstütze dich, wir machen das und das und das, komm zu der Gruppe.« Das ist das, was er macht. Ja, genauso macht er das. Egal, auch wenn er noch keinen Weg weiß, er sagt dir immer: »Wir finden einen Weg.« Und langsam, langsam finden wir dann auch einen. Aber dann gibt es die anderen Sozialarbeiterinnen, die sagen das nicht und machen das auch nicht.

Walid ist ein guter Sozialpädagoge. Es gibt noch andere viele Gute im BBZ, eigentlich alle. Sie sind wirklich sehr, sehr freundlich hier. Aber es gibt viele, die sind richtig, richtig dumm, und die helfen nicht in den Beratungsstellen, in den Schulen, die helfen nicht. Aber für mich zum Beispiel war Walid richtig gut, der hat mir so geholfen. Ich war verloren. Er hat zu mir gesagt: »Mach das so und ich helfe dir dabei.«

Menschen sind nicht gleich, Menschen sind unterschiedlich. Es gibt auch andere, wenn du ein Problem hast, dann sagen sie: »Ich kann dir helfen« und zeigen den Weg. Aber es gibt auch Leute, die zeigen sich unfreundlich. Das ist ein Problem, wenn du auf solche triffst. Dann hast du noch mehr Probleme in deinem Kopf. Aber es gibt Leute, egal, auch wenn sie nicht mehr weiterkönnen, zeigen sie dir trotzdem den Weg und reden freundlich mit dir. Das ist ja schon gut.

Sozialpädagoge ist irgendwie netter, freundlicher als Sozialarbeiter, weil Sozialarbeiter, die sind beim Amt und so, und du kannst denen nicht vertrauen.

Ja, es gibt nette und nicht so nette.

Was haben wir für Erfahrungen mit denen gemacht, sind die gut, sind die hilfreich, sind sie nicht so hilfreich.

Wenn sie bereit sind zu helfen, für die anderen, und manche sagen, ja, sie helfen dir, und sie machen nichts.

Stimmt, an meiner Schule eine auch so ist dabei. Sie ist gegangen, aber sie hat gesagt, immer sie hat Termine mit Schülern. Aber sie macht nichts, immer reden, und dann bleibt immer so, geht nicht weiter.

Psycholog*innen

Es fällt so schwer bei Psychologinnen zu sprechen. Für Unterstützung braucht es Vertrauen.

Sie haben mich zum Psychologen geschickt, weil ich nicht über meine Familie sprechen wollte, aber wenn ich nicht reden will, dann rede ich halt auch nicht bei Psychologen.

Ich habe eine Freundin in meiner Klasse, die ist in der Jugendhilfe. Sie meinte, manchmal hat sie gar nichts zu sagen, aber sie muss immer was sagen, immer. Aber ich weiß nicht warum. Sie haben eine Psychologin, da muss sie immer was sagen. Sie hat gesagt: »Ich habe keinem was zu sagen«, aber sie muss etwas sagen. Aber manchmal weiß sie nicht, was sie sagen soll. Sie ist auch 2016 mit ihren Eltern nach Deutschland gekommen, mit ihrer Mama. Dann ist die Mama abgeschoben worden, vom Vater war sie da schon geschieden. Aber meine Freundin ist geblieben. Sie ist jetzt gerade 18 geworden, aber sie muss trotzdem noch dahin gehen und sprechen. Jede Woche muss sie dort hingehen und sprechen, obwohl sie schon eine Aufenthaltserlaubnis hat. Sie hat alles, trotzdem muss sie dorthin und immer sprechen. Sie fragt sich: »Wann können diese Gespräche endlich aufhören?« Ich weiß es auch nicht, weil ich diese Sachen nicht gemacht habe.

Sie denken, wenn ein Jugendlicher dann einen Psychologen hat, wenn man 18 ist, die helfen dem vielleicht ein bisschen. Aber gleichzeitig machen sie das Leben halt schwer, weil du willst was nicht erzählen, aber die Psychologen fragen. Aber für dich weißt du, dass niemand dir helfen kann. Sie denken, dass dir der Psychologe helfen kann, aber das ist nicht so. Du kennst den Psychologen erst einmal nicht. Auch wenn du ihn kennenlernst, wenn du von einem anderen Land kommst, weißt du, dass sie irgendwann den Betreuern was davon erzählen. Wir wissen, dass sie darüber reden, auch wenn die sagen: »Das bleibt zwischen uns.« Die werden verstehen, die werden mich hören, und du weißt, dein Leben geht trotzdem kaputt, wenn die was verstehen.

Aber heißt das, dass diese Psychologen zum Beispiel viel Macht haben, oder nicht?

Ich denke, die Jugendlichen, die alleine sind, brauchen mehr Zeit, um für sich alleine oder mit Freunden draußen zu sein, dass sie die Vergangenheit irgendwie vergessen oder nicht so viel an die Vergangenheit denken. Ich habe das zwei Jahre so gemacht und dann kommen die Psychologen, dann kommen die Fragen und so, das war alles auf einmal. Das war mir zu viel, ich wollte dann nicht mehr in der Stadt bleiben. Ich dachte: »Die machen mein Leben kaputt.« Ich will einen neuen Anfang, ich will nicht über die Vergangenheit denken.

Manchmal braucht man doch Psychologen, in bestimmten Situationen.

Sie sollten dann wissen, was ist mit demjenigen von uns passiert und ihm Ideen geben. Dann können sie ihm helfen, dass es ihm bessergeht und er mit den Problemen fertig werden kann. Zum Beispiel bei Problemen mit der Familie und mit Drogen, mit allem. Aber vielleicht können das auch Sozialpädagogen machen, und die Lehrerinnen sind auch noch da.

Wenn man sich hier einsam fühlt, wenn jemand sich verliert, sich so fühlt, dann geht man zum Psychologen, oder wenn man nicht schlafen kann. Dann kann man erzählen, was passiert ist und was man für Probleme hat.

Ich glaube, die stellen zu viele Fragen.

Sie sind wie Journalisten auch. Die sagen: »Du musst diese Fragen nicht beantworten, du entscheidest, ob du sie beantworten willst oder nicht.« Und dann stellen sie die Frage anders, aber wieder die gleiche Frage, die du nicht beantworten wolltest.

Sie fragen noch mal und noch mal.

Sie können dir helfen, wenn du einsam bist, am besten bei den Kindern, die spielen dann mit ihnen, aber bei den Jugendlichen, da können sie gar nichts tun.

Sie müssen irgendwie zeigen, dass man sie an sich ranlassen oder ihnen vertrauen kann.

Denen kannst du vertrauen, wenn du erst einmal weißt, dass die Psychologin okay ist. Du hast ein bisschen Angst oder Sorgen, gehst dahin, und sie fangen an. Du kannst sie nicht duzen, du musst immer »Sie« sagen. Und wenn ich zu einer Person »Sie« sage, das heißt, ich habe Respekt, aber ich werde dir nichts erzählen, nur »Hallo« oder netter. Es soll nicht sein wie ein Amt halt, sie sollen nicht nur ihren Job machen. Wenn sie zum Beispiel mit einem Kind reden, dann eher so wie mit ihrem eigenen Kind.

Es gibt es auch gute Erfahrungen mit Psychologinnen oder Therapeutinnen, zum Beispiel mit Tanztherapie oder Maltherapie, Musiktherapie. Also es ist nicht immer nur reden.

Es gibt auch Gruppentherapie, es gibt Einzeltherapie, es ist sehr unterschiedlich, manchmal ist das gut, manchmal ist das nicht gut.

Jetzt stellen wir uns mal vor, der oder die perfekte Psychologin:

»Gibt es nicht!«

Vielleicht braucht es einen anderen Namen als Psychologe, weil dieser Name …

Okay, Therapeutin geht noch, aber Psychologin! Ich finde den Namen selbst komisch, das hat was mit Psyche zu tun und die meisten in unseren Ländern sehen nur kranke Leute dort. Deswegen habe ich Angst davor. Als wir nach Deutschland gekommen sind, in München, da werden alle Leute kontrolliert, ob die psychisch irgendwie so was haben oder so. Die meisten Leute haben da erst ein Trauma bekommen, und die waren nicht krank. Aber die sind dann irgendwie krank geworden, wegen denen, die kontrolliert haben. Wenn die Leute dann zu einer Gruppe von uns kommen, denn sie hatten alle grüne Sachen an, wie Chirurgen … Dann an dem Tag, an dem ich da war, ich hatte richtig Angst, wie vor dem Tod, wie wenn jemand kommt und deine Leiche holt, weil sie eine bestimmte Kleidung anhaben.

Vielleicht ist es besser, wenn du dich mit der Psychologin irgendwo anders triffst als im Büro oder in diesen Dingern, in denen viele Sachen im Raum herumliegen. Vielleicht auch, wenn du dich mehrmals mit ihnen triffst und dann darüber eher redest oder diskutierst.

Vielleicht erst mal bei mir zu Hause treffen, dann schön draußen und dann irgendwo halt woanders und dann erst im Büro und dann erst anfangen zu reden, wenn du das Vertrauen hast.

Die Therapeutin sollte eine sein, die immer glücklich ist, lacht, eine, die immer lacht, aber kein böses Lachen. Ja, die auch Späße macht und lustig ist.

Aber die Psychologen sind auch Menschen, denen geht es auch so wie uns manchmal. Wo sollen die dann hin? Psychologen hören zum Beispiel auch sehr viele Geschichten, deshalb gehen sie auch selber zu Therapeuten, wo sie selber darüber reden. Oder sie haben Teams, wo sie auch selber darüber reden, das heißt zum Beispiel Supervision oder so. Sie reden auch darüber: »Also wie machst du das, wie macht er das ...«

Die Sprache ist eigentlich egal. Egal wenn sie Deutsch mit mir reden, egal wenn eine Albanisch mit mir redet, egal. Wenn sie Albanisch mit mir reden würde, würde ich ihr nicht alles erzählen, weil ich weiß, es wird irgendetwas rauskommen. Ich hätte weniger Vertrauen. Obwohl sehr viele denken: »Ah, eigentlich ist es ja gut, wenn sie albanische oder zum Beispiel arabische Wurzeln hat.«

Es wäre dann schlimmer, weil ich mich erst einmal geschämt hätte, wenn ich was erzählt hätte. Zweitens hätte ich gewusst, wenn sie meine Mutter oder meinen Vater getroffen hätte, dann hätten meine Eltern gefragt. Es wird dann nicht so, wie sie es versprochen hat, sie hätte irgendwann erzählt, was ich gesagt habe.

Andere sagen, die Sprache ist wichtig, sonst weiß sie vielleicht nicht, was ich meine.

Eine deutsche Therapeutin, aber mit Übersetzung, ist auch nicht gut?

Bei Psychologen, die müssen ja auch unterschreiben, dass sie es geheim halten, es nicht weitererzählen und so weiter. Aber das ist nur eine Unterschrift, irgendwann kommt es raus, sie können ihren Mund nicht immer zumachen, wenn jemand fragt. Wenn mich zum Beispiel jemand fragt, einmal, dann noch mal, das dritte Mal, das vierte und fünfte Mal, dann erzähle ich irgendwann von alleine.

Psychologen sind halt schon sehr mit dem Kopf, während Therapeuten, also es gibt ja auch Physiotherapeuten zum Beispiel, wenn man Rückenschmerzen hat, dann helfen sie einem, dass man irgendwie Übungen findet, damit es dem Rücken bessergeht. Ich habe auch ein anderes Gefühl mit den beiden Worten Psychologin und Therapeutin. Also ich würde zustimmen, das Wort Psychologe klingt mehr, als wäre man krank im Kopf, das Wort Therapeut, das klingt eher, dass da jemand ist, der einem hilft. Zum Beispiel er gibt mir Tipps, damit ich besser schlafen kann und den Stress loswerde, soll ich rennen.

Jeden Tag die Frage über meine Familie. Sie sagen: »Du bist krank, du bist krank, wir haben eine Psychologin, das bringt was.« Und was kommt dann? Fragen, Fragen, Fragen, egal was die mit mir reden: »Hast du Kontakt mit deiner Familie? Willst du zum Psychologen gehen?« Ich meinte: »Okay, okay, ich geh zur Psychologin.« Ich bin zu ihr gegangen und wenn sie irgendwas gefragt hat, dann fing ich an zu weinen oder zu lachen. Dann dachten sie, ich bin richtig dumm. Ich meinte: »Scheiß drauf!« Aber ich kann nicht mit ihr reden, weil ich sie nicht kenne. Sie meinten, wir machen eine Prüfung, einen Test. Ich habe das gemacht, aber ich war sauer, da war zu viel in meinem

Kopf. Ich habe nur die Fragen gelesen, habe sie verstanden, aber es war zu viel in meinem Kopf. Ich konnte dann zwei Wochen gar nicht mehr schlafen. Ich wollte niemanden sehen, ich war wie krank, nur zu Hause. Da war ich auch lange nicht bei »Jugendliche ohne Grenzen« und habe meiner Umgebung Probleme gemacht.

*Bedeutung von Selbstorganisierung und Freund*innen in ähnlichen Situationen*

Für mich gibt es nichts Besseres als die Gruppe »Jugendliche ohne Grenzen«. Egal wo du hingehst, egal was du machst, du gehörst zu denen und egal wie schlecht es dir geht, wenn du mit denen bist, vergisst du alles. Wenn Leute, die JoG nicht kennen und fragen: »Aha, was ist das, JoG?«, dann sage ich: »JoG ist wie ein Haus, wie Freunde, wie eine Familie.« Ich kann ihnen zum Beispiel erzählen, was wir machen, ich empfehle unsere Gruppe dann, weil sie gut ist, was wir machen ist gut. Es würde für die Zukunft auch für andere Leute Hilfe bedeuten, wenn sie zu uns kommen.

Ich komme, weil ich hier immer Informationen kriege.

Ich bin einfach glücklich mit euch zusammen. Die Menschen aus der Gruppe geben mir so viele einfache Möglichkeiten.

Aber es gibt ja eigentlich Psychologinnen, um über Probleme zu reden, also glaubst du, man braucht Psychologinnen gar nicht?

Doch man braucht sie, aber zum Beispiel in der Situation bei »Jugendliche ohne Grenzen« braucht man eine Person, zum Beispiel wie Mohammed oder Çingiz, die du länger kennst. Da redest du mit denen oder mit einem Freund, dem du alles erzählen kannst.

Du meinst, das hilft mehr?

Ja, das ist gut, das hilft mir, du kannst deinem Freund oder deiner Freundin vertrauen mit allem, was du erzählst. Aber wenn du die andere Person nicht kennst, ist es schwer, deine Sachen zu erzählen, weil kein Vertrauen da ist.

Wie macht ihr das zum Beispiel, wenn ihr über bestimmte Sachen nachdenkt, ihr Stress habt oder traurig seid, mit wem redet ihr dann?

Mit meiner Freundin, ich erzähle meine Probleme und sie erzählt ihre Probleme. Dann finden wir gemeinsam eine Lösung, wir werden ruhig und wir werden normal, wenn wir zusammen reden. Wir reden darüber, was wir für ein Problem haben oder warum wir sauer sind oder Ärger haben. Wenn wir so erzählen, werden wir danach ruhig und wir lachen, wir machen danach noch Spaß.

Bei mir ist es auch so. Wenn du viele Sachen im Kopf hast, wenn zum Beispiel Briefe mit so komischen Sachen drinnen ankommen, dann hat man überhaupt keine Ahnung, was man machen soll. Dann bist du hier alleine ohne Familie, ohne gar nichts. Dann weißt du nicht, um was für politische Sachen es geht und du wirst so viele Sachen in diesem Brief gefragt. Man weiß einfach nicht, was man dann machen muss.

Ich habe jetzt eine Freundin aus Italien, mit der tausche ich mich dann aus, wenn wir Probleme haben. Dann gibt sie mir eine Idee und ich gebe auch ihr eine Idee. Bevor ich sie kannte, habe ich immer wenn ich nach Hause kam, an meinem Fenster gesessen und guckte in den Himmel oder manchmal bin ich dann rausgegangen oder so.

Wenn ich da, wo ich wohne, in dem Garten hinten sitze, alleine, ich gucke einfach und ich weiß nicht, was ich machen soll. Dann kommen die Leute und fragen, was du hast. Aber ich möchte dann alleine sein, ich will nicht mit jemandem reden. Dann kommen die Leute, das ist in der Nacht, und dann die Fragen: »Was ist los? Bist du alleine?« Ich will dann nicht sofort reden. Ich möchte erstmal runterkommen, damit ich weitererzählen kann. Es ist auch schwer. Manchmal denkt man: »Warum bist du alleine gereist, so ohne gar nichts, ohne Familie, gar nichts, alleine in Deutschland?« Bei mir war das so, ich bin nie in die Schule gegangen und bei uns kommen zum Beispiel keine Briefe nach Hause, wir kennen diese Sachen nicht. Wir wissen nicht, was man dann machen muss.

Immer, wenn ich viel Stress habe, sitze ich und weine und gucke in die E-Mails. Ich weiß es nicht, manchmal frage ich mich, warum ich so in dieser Welt lebe, nicht nur weil ich aus meinem Land weg bin, ich habe da auch Stress gehabt, das ist dasselbe. Ich denke einfach viel. Aber jetzt ist für mich ein bisschen besser, weil ich eine Freundin kennengelernt habe. Wir beide, wenn wir was haben, wir tauschen uns aus, damit wir voneinander wissen, dann geht es besser.

Ich, eine Freundin aus meinem Land: Immer wenn sie schreibt, gibt sie mir Ideen, was ich falsch mache oder so, sie sagt dann: »Nein, das ist falsch.«

Ich wollte noch sagen, dass du nicht alleine bist. JoG ist bei euch. Also du hast jetzt deinen Bruder, mich, und dann so viele Geschwister. Wir sind alle eine Familie, die das Gefühl, dass du niemanden hier hast, von dir wegschafft, weil du uns hast.

Jugendlichsein und Erwachsenwerden

Ich habe ein Pferd, einen kleinen und einen großen Elefanten und einen Fächer gelegt. Der Elefant war am Anfang klein und jetzt ist er groß. Mit 15 Jahren wollen alle schön sein und so, sind ruhig, haben nicht so viel Zeit, sie haben so viel gelernt und haben jetzt so viele Ideen im Kopf. Das Pferd bei 15 steht für so viel Ärger in der Zeit. Der Fächer steht für Ruhe. Der ist für die Frauen, die sich schön machen, sie sind alt genug um zu heiraten. Sie brauchen dies. Wie sind jetzt Frauen, wir sind groß. In Japan, wenn es für die Frau Zeit ist, dann schminkt sie sich, nimmt immer den Fächer mit und zeigt jetzt für alle, ich bin jetzt groß, ich bin jetzt eine Frau. Sie weiß ihren Weg. So zwischen 20 und 25 heiraten Frauen dann und kriegen Kinder, und einen großen Kopf mit großen Ideen. Mit 15 haben die Kinder zu viel Stress, sie denken über so viel nach, aber mit 20 und 25 verstehen sie das alles, sie verstehen ein bisschen die Welt.

Ich habe am Anfang so viel gegessen, und dann bin ich so dick geworden. Wenn ich jetzt auf meinen Körper nicht achte, dann wird die Zukunft sehr schlecht.

Ich schäme mich das zu sagen, aber das ist ein Bild mit Himmel und vielen Herzen, und das bedeutet für mich, also so zwischen 20 und 25 finde ich die richtige Liebe, die Halal-Liebe, die richtige, und verlobe mich. Aber das heißt zum Beispiel, wenn man dann nicht auf seinen Körper geachtet hat, dann kann man nicht heiraten, man kann sich nicht verlieben und verloben.

Du siehst dich im Spiegel dick, aber du bist eigentlich dünn. Und das ist ein wirklich großes Problem. Zum Beispiel in den Filmen, in der Werbung sehen wir sehr oft, dass Frauen sehr schlank sein müssen. Sie müssen hübsch sein, sie müssen geschminkt sein, sie müssen sexy sein, damit sie überhaupt beliebt sind. Wenn sie ein bisschen dicker sind, sind sie hässlich. Sie können das nicht, sie sind nicht stark oder so. Das macht richtig viel Stress für sehr viele Mädchen, aber auch Jungs, weil ich muss so sein wie diese Frauen und wie diese Männer in den Zeitschriften, im Fernsehen, in der Werbung.

Ab 25 habe ich einen selbständigen Weg vor mir, ich überlege jetzt zum Beispiel, wie das ist mit meinen Eltern. Irgendwann trennt man sich von den Eltern mit 25, dann gehe ich auch meinen selbständigen Weg und halt auch neue Wege.

Mit 25 hat man vielleicht so eine Einsamkeit, man fühlt sich alleine und traurig. Aber vielleicht ist man auch eher in der Pubertät so traurig und allein. Es kann aber auch sein, wenn man dann aus der Pubertät raus ist und jetzt richtig das Leben entscheidet, dass man dann vielleicht auch am Verzweifeln und traurig ist.

Als ich die richtige Person kennengelernt und mich verliebt habe, das war dann ein sehr wichtiger Punkt in meinem Leben, weil sie hat mir dann auch den richtigen Weg gezeigt.

Wenn du zwischen 15 und 20 alt wirst, dann wird vieles besser im Leben und du kannst selber viel entscheiden. Dann weißt du, welchen Weg du nehmen kannst und vieles ist zum Greifen. Das ist eine große Verantwortung für einen selber in dem Moment. Das ist dann ein Schwerpunkt, du bist nicht mehr klein und du wirst nie wieder klein werden, es gibt kein Zurück mehr, du wirst immer größer, das ist für mich beeindruckend.

Mein Leben war von 15 bis 17 einfach Quatsch, ich habe das Leben nicht so richtig verstanden. Meine Eltern haben alles für mich gemacht. Aber mit 18 bis 20 kann ich jetzt alleine entscheiden, was ich möchte und was werde, was ich mache und kann meine Zukunft planen. Ja, das finde ich gut.

Ich will wieder Kind sein, denn dann siehst du die Wahrheit nicht, wie die Kinder, die träumen. Du hast jetzt auch keinen Bock zu lieben, weil du die Wahrheit kennst, weil du verstehst. Es gibt so viele komische Leute. Nicht alle Leute haben ein Ziel, für das sie kämpfen, und wenn du das Ziel verstehst, wenn du am Ende bist, vor dem Tod, denkst du: »Du hast kein Ziel gehabt.«

Ich habe Angst, dass ich Fehler mache, wenn ich erwachsen bin. Man will alles probieren und alles machen. Danach überlegt man dann vielleicht: »Warum habe ich das gemacht?« Das war richtig oder falsch. Ich hab' so Angst, mir das dann nicht verzeihen zu können.

Ich habe Angst, wenn ich draußen wäre, könnte mich auch jemand umbringen, auch wenn ich nichts gemacht hätte, dass ich überfallen und getötet werde. Am Beispiel der Eltern weiß man ja, dass jeder irgendwann stirbt, das macht Angst. Das macht richtig große Angst. Ich habe Angst, Familie, Freunde und Freundinnen oder irgendetwas zu verlieren. Aber auch wenn ich irgendeinen Menschen zum ersten Mal sehe, habe ich Angst, dass er stirbt. Man stellt sich viele Fragen, man stellt auch Fragen über den Tod: Was ist Tod? Warum sterben Menschen? Was ist danach?

Als Kind hatte ich nicht diese Angst wie jetzt als erwachsener Mann. Man hat irgendwie so eine Angst, man weiß mehr. Man bekommt immer solche Ängste. So wie in Deutschland hat man Angst, weil so viele rassistische Parteien entstehen. Man hat Angst, die werden irgendwann noch mal diesen Dritten Weltkrieg anfangen.

Ich habe viele Ängste beim Erwachsenwerden: alleine groß werden, keine Freundinnen und Freunde, keine Familie, keine Kinder zu haben, dass ich mein Leben kaputt mache, allein zu Hause zu sein, dass ich keine Kinder habe, dass ich etwas falsch in Bezug auf meine Eltern, Freundinnen und Freunde und Familie mache, dass man immer nur Angst vor der Dunkelheit und so weiter hat, dass man keine Arbeit findet und kein Geld hat. Ich habe auch Angst, was falsch zu machen, oder krank und alleine zu sein und dass dann niemand einem hilft. Auch wenn zum Beispiel Einbrecher kommen und man allein ist, macht mir das Angst.

Letzte Woche hatte ich Angst vor den körperlichen Veränderungen, vor den Hormonen bekommen. In unseren Ländern ist es zum Beispiel so, wenn du kein Kind hast, oder kein Kind machen kannst, dann kannst du auch nicht mehr mit jemandem zusammen sein.

Man kann vieles machen, egal wo man hingehen möchte, kann man gehen.

Du bist selbständig, du kannst egal um wie viel Uhr rausgehen, oder, was weiß ich, du kannst mit den Freunden irgendwo hierhin und dahin gehen, was man sich als Kind immer wünscht, dass du bei den Freunden übernachten kannst, oder irgend so etwas, was man als Kind so hat für Gefühle und als Erwachsener hast du auch teilweise diese Gefühle, aber es ist gut, dass du dir diese Erlaubnis selber geben kannst. Du kannst für dich selber entscheiden, es muss nicht jemand für dich entscheiden, der sagt, du musst das machen, du musst das machen. Das sind die Vorteile als Erwachsener.

Man ist freier, darf vieles machen. Man kann auch immer reisen, als Kind darfst du das nicht.

Man kann Familie gründen. Man hat Verantwortung trotz vieler schöner Sachen. Wenn man erwachsen ist, hat man auch mehr Verantwortung. Als Kind hat man nicht so viel Verantwortung.

Ist das gut oder nicht, wenn man so viel Verantwortung hat?

Manchmal ist es gut, wenn man keine Verantwortung hat.

Bei Freunden schlafen, alleine leben, heiraten, studieren, Make-up, die ganze Nacht draußen, in Shisha-Bar oder Club gehen, Klamotten aussuchen, Geld verdienen, Geld ausgeben, alles was man machen kann: Respekt, helfen, Arbeit, wählen, Kinder haben, lieben, unterschreiben, tanzen, Familie gründen, Selbständigsein, Kuchen, kochen was man will, alleine zum Arzt gehen.

Mit 30 sollte man eine Ruhe und das Wissen haben, Entscheidungen für die Kinder treffen zu können. Das muss dann alles in Ruhe geschehen und ohne viel Stress. Man jetzt hat 30 Jahre gelebt und hat viel zu viel gesehen.

Mit 30 sollte man etwas machen und einen Fingerabdruck im Leben hinterlassen und schon ein Ziel haben, wie zum Beispiel zum Mond laufen.

Ich bin mit 30 schon verheiratet und ich habe schon Kinder, natürlich.

Das hier ist eine Karte mit einem Helden oder einer Heldin, das heißt, da hat man dann seine Ziele erreicht und dann fühlt man sich stark.

Wenn man so alt ist wie unsere Oma und unser Opa, die haben so viel gesehen, sie entscheiden für uns den richtigen Weg, und sind jetzt schon weise.

Als Erwachsener will ich nicht reich sein. Vielleicht nur die Basis haben, aber ich glaube, jeder will das Geld haben. Aber Erwachsene sagen zum Beispiel, sie wollen Geld, damit sie anderen helfen und dann, wenn sie Geld haben, werden sie dann irgendwie erblinden.

Ich bin reich geboren und dann bin ich in eine Welt gekommen, in der ich für mich verstanden hatte, dass das nicht das wirkliche Reichsein ist. Wenn ich zum Beispiel irgendwo jemand liegen sehe, der Geld braucht, dann will ich reich sein, das heißt dann für mich, dass ich helfen kann. Ich habe dann das Geld nicht nur für mich, sondern für die anderen auch. Ich will Kindern auf der Straße helfen, nicht in Europa, sondern auf anderen Kontinenten, und solchen Leuten helfen, in Indien oder dort, wo

Kinder auf der Straße verkaufen: Der Familie Geld geben, damit sie aus dieser ganzen Situation rauskommen. Jeder sagt: »Geld ist nicht gut.« Man sagt: »Geld macht nicht glücklich«, aber wenn man anderen armen Menschen helfen kann, für mich heißt das: reich sein. Deshalb ist dann Geld wichtig für mich, dann kann ich andere Menschen glücklich machen.

Kennt ihr zu diesem Thema diese Geschichte?

Es gibt eine Insel, da leben Menschen, da kommen Touristen hin, weil sie Urlaub machen. Ein Tourist kommt und macht Fotos: »Oh man, guck mal: Fischer! Ich fotografiere ein schönes Haus. Oh, guck mal: ein Café!«, und läuft am Strand entlang und sieht einen Fischer, der liegt einfach im Schatten und schläft. Der Mann, der da kommt, fragt: »Warum schläfst du hier? Musst du nicht ins Meer, Fische fangen?« Der Fischer antwortet: »Ich bin heute früh aufgestanden, dann war ich auf dem Meer, habe Fische gefangen, hab' einen guten Fang gemacht, bin zum Basar, hab' alle verkauft und jetzt ruhe ich mich aus.« Da sagt der Tourist: »Aber warum? Du kannst noch mal mit deinem Boot rausgehen, dann hast du noch mehr Fisch, dann kannst du noch mal verkaufen, dann hast du noch mehr Geld. Und dann kannst du es morgen genauso machen, mehrmals gehen, dann hast du noch mehr Fische, kannst du noch mehr verkaufen, hast du mehr Geld. Dann kannst du zwei Boote kaufen, mit zwei Booten losgehen, noch mehr Fisch fangen und dann verkaufen und noch mehr Geld verdienen. Und dann kannst du dir ein großes Schiff kaufen, mit dem Schiff rausgehen, ganz viele Fische fangen und verkaufen. Dann hast du mehr Geld, dann kannst du mehrere Schiffe kaufen, sozusagen eine Schiffflotte, ganze Meere Fische wegfischen und verkaufen, und dann hast du noch mehr Geld. Und irgendwann kannst du dir Hubschrauber kaufen, dann sind deine Schiffe im Meer, fangen Fische, deine Leute, die für dich arbeiten. Du fliegst einmal mit deinem Hubschrauber über die Flotte, siehst, ob alles in Ordnung ist, kommst zurück und kannst im Schatten liegen und schlafen«. Da sagt der Fischer: »Das mach' ich ja jetzt schon.«

Ressourcen

Wenn ich zum Beispiel in der Nacht Stress habe, dann gucke ich auf die Sterne, und dann kann ich mit den Sternen reden und danach bin ich entspannt. Ich mag das auch, wenn ich Blitze am Himmel sehe.

Der Glaube, der ist für mich sehr wichtig. Ich habe mich immer so mit dem Glauben beschäftigt. Wenn man erwachsen wird, dann kommen immer diese Fragen: »Wieso bin ich hier geboren?« »Wieso Menschen sind so und so?« Wenn man einen Glauben hat, heißt das, man hat eine Geschichte, in der man sich irgendwie verständigen kann und man versteht, das ist so, weil es einen Gott gibt. Man kann sich auch vorstellen: Also ich bin so … das ist genauso wie ein Mensch einen Roboter bauen würde. Dann ist er der Besitzer von diesem Roboter. Ich stelle mir diesem Glauben auch so vor. Es ist und war jemand da, der mich gemacht hat und deshalb bin ich in dieser Welt. Das ist die einzige Ding, dass ich damit weiterleben kann, macht mich richtig. Ich denke: »ich weiß nicht«, aber es gibt das: Die ganzen Menschen, die haben irgendwie einen Glauben, wie die darüber lieben, ist egal, ob es einen Gott gibt oder nicht, aber die denken irgend so etwas, dass sie gemacht wurden. Viele Menschen denken so.

Unterstützung von Freunden und in der Familie, einfach da sein.

Bücher, Filme, Musik sind auch sehr interessant, aber mir reicht, wenn ich jemanden sehe, der nur ein kleines Lächeln für mich hat.

Wenn der Sommer anfängt, freue ich mich über die Sonne. In der Sommerzeit fangen die Blumen an zu blühen, dann freue ich mich. Dann kann ich zum Beispiel im Gras sitzen, liegen und entspannen, ein Buch lesen, mit Freunden im Garten grillen, so etwas mache ich total gerne. Mein Traum ist es, mit Freunden zu sitzen und wenn die Bäume so blühen, die Blätter kommen, dann freue ich mich so. Das macht mich glücklich.

Freundlichkeit, das hilft mir mehr als wenn mir jemand tausend Euro gibt.

Wenn ich irgendeinen Menschen traurig sehe, dann werde ich auch immer traurig. Deswegen werde ich auch immer diese ganze Kraft, die ich für mich zum Leben habe auch für andere geben.

Erfahrungen, zum Beispiel haben früher meine Eltern etwas Anderes gemacht. Erst jetzt, seit ich alleine bin, habe ich erst verstanden, was sie in ihrem ganzen Leben durchgemacht haben, und was sie für Schwierigkeiten hatten, mir zu helfen, dass ich hier jetzt bin.

Heiraten, Freundin, Kinder, also, dass ich jemanden neben mir habe, mit der ich mein ganzes Leben verbringen kann. Unterstützung durch eine Lebenspartnerschaft.

Erfahrungen, die ich selber gesammelt habe, gibt es viele. Irgendwann ich bin mit meinem Vater auf eine Ebene gekommen. Er denkt und fühlt, dass ich ein Erwachsener bin und redet genauso mit mir. Als ich klein war, hat er immer so zu mir gesagt: »Das machst du nicht und das machst du nicht.« Aber wenn es irgendetwas gibt, kann ich mit meinem Vater sprechen. Mein Vater sagt: »Ja, deine Meinung ist super, sie ist manchmal sogar besser als meine.« Und er sagt zu mir: »Wir sind quasi auf einer Ebene, weil du auch alleine gelebt, eine Reise gemacht hast, und darüber Erfahrungen gesammelt hast.« Diese Erfahrungen helfen mir auch viel. Wenn ich jemanden sehe, der ein bisschen Alkohol trinkt auf der Straße, dann sage ich: »Nö, ich trinke nicht, weil ich habe diese Leute gesehen, die Alkohol trinken, auch rauchen oder Drogen nehmen.«

Ein Engel kann mir helfen. Aber das hängt auch davon ab, wie es mir geht, manchmal brauche ich auch einen Arzt, wenn es mir schlecht geht.

Ein Hobby, ganz allgemein? Das, was man gern macht und sich auf diese Sachen konzentriert und nicht mehr an anderes denkt und dass man auch so positiv da raus geht.

Egal wie meine Laune ist, ich bin bereit, Leuten zu helfen. Egal wie ich mich fühle oder wie bin am Ende der Grenzen, ich habe überhaupt keine Grenzen für mich.

Cola ist das, was mir hilft. Als ich nach Deutschland kam, Tränen waren mein Essen und mein Trinken, ich habe nichts gegessen. Die dachten dann, dass ich krank bin, weil ich nur noch Cola trinke, aber wenn es Cola nicht gibt, dann bin ich tot, wirklich, dann bin ich verrückt.

Meine Großmutter Hamda Al Makhzoum hat in ihrem Leben viel erlebt und durchgemacht, bevor sie starb. Sie heiratete als junge Frau. Im Krieg wurde sie mehrmals vertrieben und verlor früh drei ihrer jungen Söhne. Doch weder das, noch ihr Leben in Armut konnte ihr das Lachen aus dem Gesicht stehlen. Ihr Mut und Selbstbewusstsein, aber auch ihre Gebete und Worte am Telefon, gaben mir viel Kraft, und ich habe oft an sie gedacht, als es mir schlecht ging. Am liebsten würde ich der ganzen Welt von ihr erzählen und ihre Kraft und Ausstrahlung mit vielen teilen.

Träume

Ich habe zum Beispiel für meine Zukunft noch nichts geplant, weil ich glaube, ich will ein normaler Mensch sein, ganz normal leben, mit anderen Leuten, anderen helfen oder mit anderen reden … Ich will eine Person sein, der die Leute vertrauen. Sie können mir alles erzählen, wenn sie Probleme oder Sorgen haben und dann müssen sie glücklich wegen mir sein. Keine Ahnung, ich will mein ganzes Leben so verbringen: die Leute glücklich machen.

Wenn ich die Chefin von der Welt wäre, dann würde ich alle Kriege beenden und alle Menschen wären ein Land, alle wären zusammen, alle sind gleich, alle können nur eine Sprache mit den anderen und es gäbe keinen Krieg.

Ich hätte gern das Talent, dass wenn ich mit Leuten zusammen bin, sie glücklich sind. Egal wie traurig sie im Herzen sind, aber wenn sie ihre Geschichten erzählen und mit mir sind, ich möchte, dass sie glücklich sind.

Wenn ich ein Vogel wäre, würde ich über die ganze Welt fliegen, aber leider kann ich nicht in andere Länder fliegen. Ich besuche gerne andere Länder, wenn es möglich ist. Ich würde gern überall hinfliegen und wissen wollen, was passiert auf der ganzen Welt.

Einmal in meinem Leben will ich auf jeden Fall nach Venedig in Italien. Da sind Häuser auf dem Wasser gebaut und das finde ich sehr, sehr verrückt. Dann will ich auch gerne mal in ein Kloster in Japan, in den Bergen, wo die ganze Zeit

Nebel ist und irgendwelche Mönche ohne Haare meditieren. Das gibt es auch in Tibet, und das finde ich interessant.

Ich würde gern so einen Weg in den Wald gehen, wo nicht so viele Menschen sind, kein Krieg, und einfach Natur und Wasser, viele Bäume, Tiere. Dort würde ich auch mein ganzes Leben verbringen. Ich würde erst studieren, mit 40 würde ich einen Wald oder eine Insel finden, wo ich einfach nur alleine bin, über nichts nachdenken muss und einfach weiterleben kann. Ich habe in vielen Kulturen und in vielen Ländern gelebt und ich kenne die Menschen. Ich finde, es gibt viel mehr schlechte Menschen als nette Menschen. Also manchmal sind Menschen für mich so aggressiv. Ich weiß nicht, überall wo ich war, habe ich viele schlechte Menschen gesehen, teilweise auch gute. Aber irgendwie finde ich, die Gedanken, die die Menschen haben, das ist viel, und ich würde gern mit Tieren leben, die nichts Schlimmes machen, nicht schlechte Gedanken haben. Ich möchte auf einer Insel leben, wo keine schlechten Menschen sind. Das ist das beste Leben, das man hat: Du bist immer beschäftigt mit Natur und Tieren, die nichts machen außer fressen. Ich versuche jetzt bis 30 viel zu reden und danach nur noch mit den Tieren oder mit der Natur.

Ein Mädchen, das eine Sonne in der Hand hält, das beschreibt meine Kindheit, weil ich hatte eine sehr schlimme Kindheit und trotzdem hatte ich das Gefühl als Kind, ich kann alles erreichen, was ich will und hatte sehr viele Träume.

Ich werde meine Zukunft mit meiner Familie verbringen. Ich möchte auch arbeiten und eine gute Mutter sein. Wenn ich ein Kind habe, dann werde ich mich um mein Kind kümmern und mein Mann auch. Und dann würde ich in der Zukunft auch arbeiten gehen.

Meine Träume sind nicht viel. Ich will einfach glücklich sein, aber um glücklich zu sein, müssen meine Träume reduziert werden. Meine Träume sind: Mit meiner Familie sein, einen Pass irgendwann bekommen, dass ich sicher hier bin, und in der Freizeit Fußball und Theater spielen, bei JoG weitermachen, mit meinen Freunden Spaß haben und neue Leute kennenlernen, eine Wohnung haben und dort mit meiner Familie leben, weiter studieren und irgendwann werde ich auch glücklich. Und da ist die Sonne, auch wenn sie in Berlin nicht scheint, nur manchmal.

Wir wollen zusammen tanzen, auch kurdische Tänze, und dann einen Preis gewinnen und weiter tanzen, mit guten Freundinnen.

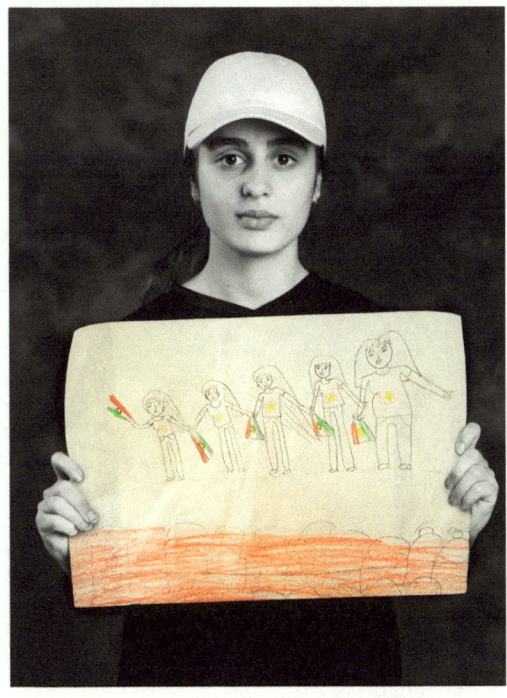

Mein Traum ist es, viele Länder zu besuchen, eine Wohnung am Meer und ein Auto zu haben. Ich mag alle Länder, wo es ein Meer gibt. Ich schaue mir gerne das Meer an, aber ich schwimme nur im Schwimmbad, nicht im Meer, weil da ist es gefährlich. In Syrien, in Damaskus, da wo ich gelebt habe, gab es kein Meer, aber wir sind in den Ferien immer ans Meer gefahren.

Mein größter Traum ist es, Hebamme zu werden, wie meine Mutter. Ich war immer mit ihr im Krankenhaus und habe geholfen. Ich war auch manchmal bei Geburten dabei. Und ein anderer Traum ist, dass die Menschen, die ich liebe, immer gesund bleiben und in meiner Nähe sind.

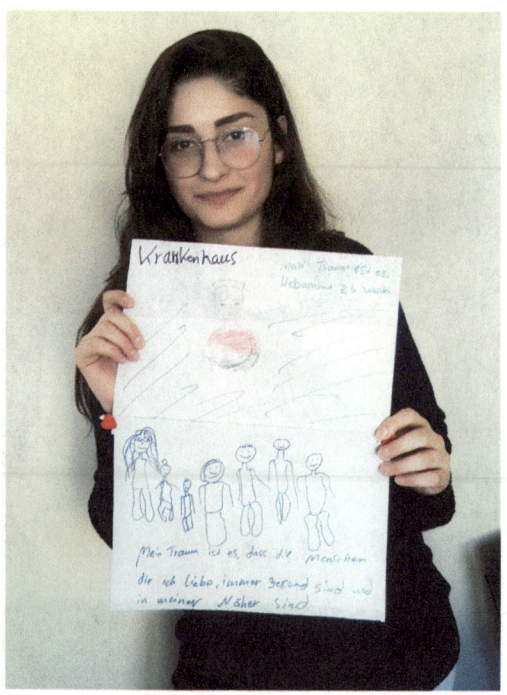

Ich möchte Chirurgin werden, auch wenn es hart ist und ich viel lernen muss. Aber vielleicht ist es auch deshalb ein Traum.

Mein Traum ist, dass ich in einem Büro mit Pflanzen arbeite und dass ich viele Bücher lesen kann. Ich mag es, zu lesen und zu schreiben. Ich mag auch fernsehen. Ich möchte eine Familie mit nur einem Kind, dann bin ich glücklich, oder vielleicht mit einen Jungen und einem Mädchen, sonst ist es zu viel Arbeit. Das weiß ich, weil ich viele Geschwister habe.

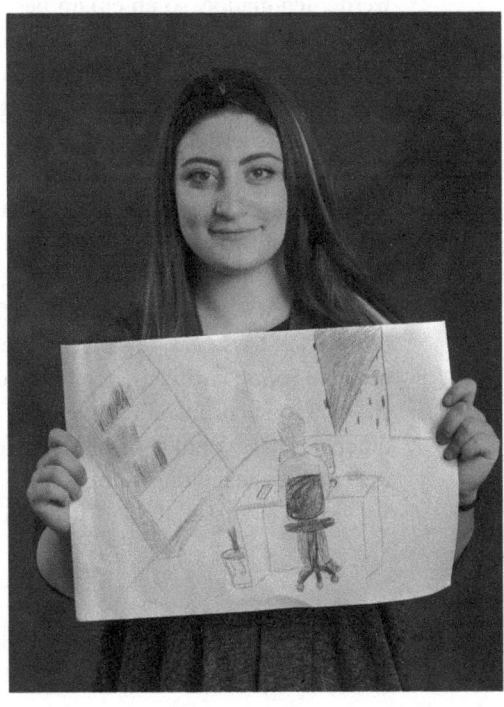

Mein Traum ist ein Haus mit Familie. Ich würde sehr gerne ein Haus haben mit einem Garten, weil ich viel arbeite. Ich würde mir wünschen, mehr zu Hause zu sein und mehr Zeit mit meiner Familie zu verbringen. Ich weiß aber auch nicht, wo dieses Haus steht, ob in Deutschland oder im Libanon oder woanders. Das weiß ich noch nicht. Manchmal denke ich: »Nein, ich will auf jeden Fall in Deutschland bleiben und mein Leben hier verbringen.« Manchmal denke ich: »Ach was, vielleicht doch woanders hingehen.« Meine Eltern sagen ständig, sie wollen zurückgehen und dann sagen sie, wollen hierbleiben, manchmal zurück und manchmal hier. Ich träume davon, zu wissen, wo ich in Zukunft leben will. Weil ich nicht dieses Hin und Her haben will, das macht so Stress. Ich will wissen, wo ich leben werde. Ich glaube, so ab einem bestimmten Alter denkt man an Familie und Haus und Sicherheit. Vielleicht ist das deswegen auch mein Traum, weil ich hab' schon so Krankenpflege und das und das und das gelernt, jetzt möchte ich gerne Sicherheit haben.

Ich würde wirklich sehr gerne ein Haus haben, nur einen Raum, irgendwo in Italien oder Spanien oder so. Ich hasse den Winter, ich hasse diese Dunkelheit. Als ich nach Deutschland kam, da war es auch schon dunkel, dunkel und so. Ich hasse das, das macht mich richtig kaputt, ich brauche Sonne und Licht. Ich habe zuhause zum Beispiel so ein Tageslicht installiert, weil ich einfach mehr Licht brauche. Dieses dunkle Licht, das macht mich kaputt, deswegen brauche ich die Sonne.

Träume

Mein Traum ist es, dass mein Haus neben Mohammeds Haus ist. Am liebsten drei Häuser. Dass ich meine eigene Familie habe und meine alte Familie bei mir ist, meine Eltern und mein Bruder, dass das nicht so weit auseinander ist. Ich habe eine sehr enge Beziehung zu meinem Bruder und ich hätte ihn gern immer bei mir. Als ich mehr Zeit für mich hatte, habe ich sehr viele Hobbies gehabt und die hätte ich gerne wieder. Ich bastle gerne, ich zeichne gerne. Ich hätte gerne so einen Keller in diesem Haus, wo ich mein Werkzeug habe, alles Mögliche, wo ich selber Möbel und andere Sachen bauen kann, Fahrrad, Lampen, wo ich dann alle Werkzeuge an der Wand habe, alles geordnet nach Reihe, Größe, dass ich dann alles wieder zurückhänge, wenn ich es benutzt habe. Mein Traum ist es, dass alles geordnet ist. Und ich möchte Familie, aber nicht mehr als zwei Kinder.

Ich reise gerne, ich würde gerne eine Weltreise machen und ganz viele Länder und Orte besuchen. Ich habe Freunde, die auch auf der Welt verteilt sind, die würde ich gern besuchen. Ich liebe die Sonne. Deutschland ist nicht so gut für mich, ich bekomme zu wenig Sonne, und zu kurze Sommer, deshalb hätte ich gern sehr viel Sonne.

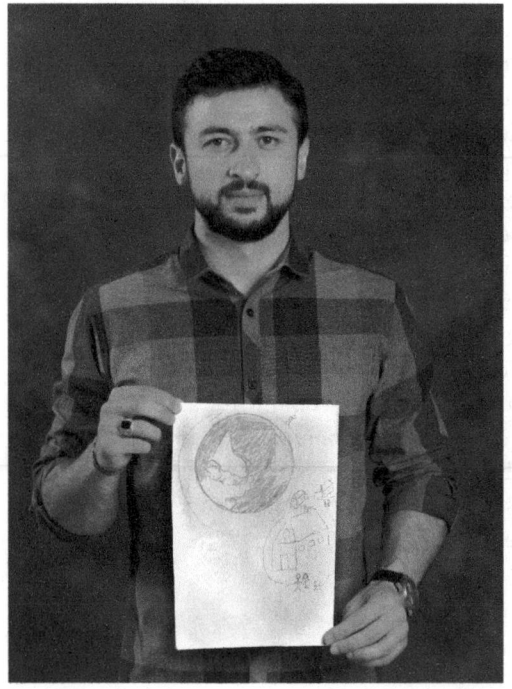

# GEDANKEN ZUM ENTSTEHUNGSPROZESS DES BUCHES

Wenn ich das monatlich hätte, bräuchte ich keine Therapie mehr …

Das finde ich super, wenn wir miteinander uns einen Kopf machen und über unser Leben sprechen und so was. Es freut mich, dass ich hier bin, und es freut mich, dass wir das nächste Mal noch mal so was machen.

Es war schön. Ich hatte mir das irgendwie anders vorgestellt, aber es war schöner als ich es mir vorgestellt habe, weil man halt jemanden braucht, mit dem man reden kann, und das war so lange in meinem Herzen, und irgendwann ist das rausgekommen. Das war richtig gut für mich. Das war schön, dass wir in so einer kleinen Gruppe waren, dass wir einander vertrauen konnten und alles erzählen konnten, was wir wollten. Ich dachte, wenn wir anfangen zu schreiben, das wäre auch schön, aber das war schöner: Wir waren in der Vergangenheit, wir waren in der Zukunft und wir sind jetzt, wo wir jetzt gerade sind.

Es hat mir sehr viel Spaß gemacht heute, es ging mir vor dem hier nicht so gut, aber jetzt fühle ich mich gut, dass ich hier gewesen bin.

Heute ist der erste Tag, es hat mir sehr gefallen, wir haben zusammen viele Ideen gesammelt, mir hat es sehr viel Spaß gemacht, alle miteinander, zusammen. Ich freue mich auf das nächste Mal.

Was ich wirklich auch gut gefunden habe war dieses Vertrauen in JoG.

Als Mohammed gesagt hat: »Wir wollen ein Buch schreiben«, habe ich gedacht: »Okay, das wird krass. Wie soll das überhaupt funktionieren?« und ich habe auch gedacht wie Hawa: »Das ist jetzt Stress. Wir sitzen jetzt alle da und müssen schreiben und müssen produzieren.« Und das fand ich jetzt irgendwie stressfrei, dass wir jetzt irgendwie angefangen haben, dass wir erst mal aufnehmen, und ich hoffe, dass das jetzt so weitergeht, das wir weiter stressfrei am Ende was produzieren können.

من نحن..؟؟؟

نحن

....احلامنا بفرد اجنحتنا

.... نحن يرقات تغربنا من بستاننا لبستان اخر ، هربا من الحطام

... لقد خضنا معارك لاتحصى و صمدنا امام تيارات قاسية. يرقات الشباب

.... نحن براعم الزهور

...نحن من كنا في شرنقتنا ننمو و جائنا تيار الحرب

..... نحن يرقات انتظرنا الغد لفرد اجنحتنا

..... نحن زهور قطفت قبل النمو

...نحن من عوصفنا بالحرب والدمار ولم تؤوينا شرقتنا

...نحن من تجولنا يمينا وشمالا لتحقيق.... ولم نيأس يوما ولم نفقد املنا

...نحن شبان خرجنا باكرا من شرنقتنا لنواجه الحياة وتياراتها

... نحن جيل فقد شرنقته قبل اكتمال اجنحتنا

.... نحن جيل لم يصمد رغم الصعاب

.... نحن براعم زهور قطفت لكن لم تذبل

نحن يرقات نبتت لنا الاجنحة دون شرنقة ... نحن شبان احلامنا كبيرة واهدافنا كثيرة....

ومع هذا نحن من صمدنا في ...... الماضي ونعيش الحاضر ونبني المستقبل

viana

**Auf Wiedersehen · Bxatra wê · إلى اللقاء ·
Mirupafshim · Goodbye · الوداع · به امید دیدار ·
Xüdafiz · Au revoir**

In diesem Buch steckt noch die Arbeit von:

Conny Martina Bredereck hat die Audioaufnahmen der Workshops transkribiert und war involviert in die Planung der Workshops.

Pauline Henze war an der Planung der Workshops beteiligt und hat sie mit Mohammed Jouni durchgeführt.

Dorothea Zimmermann hatte als Mitreihenherausgeberin gemeinsam mit Olga Schell die Idee für das Buch in dieser Form. Sie hat die Methoden mitentwickelt und das Catering zur Verfügung gestellt.

Alle zusammen haben mit Mohammed Jouni in einem intensiven Prozess die Ergebnisse der Workshops in eine lesbare Form gebracht.

R. Maro hat als Fotograf, der schon seit Jahren die Geschichten von Geflüchteten erzählt, die Autor*innen fotografiert, was ihnen extrem viel Spaß gemacht hat.

Koordiniert wurde das Autor*innenkollektiv von Mohammed Jouni. Er ist Mitbegründer der Selbstorganisation »Jugendliche ohne Grenzen« und Sozialarbeiter im BBZ – Beratungs- und Betreuungszentrums für junge Flüchtlinge und Migrant*innen. Als Empowerment-Trainer ist er im Rahmen politischer Bildungsarbeit bundesweit unterwegs und führt Seminare und Workshops durch, insbesondere für und mit jungen Geflüchteten und Migrant*innen (m.jouni@yahoo.de).

Abkürzungsverzeichnis

B2   Srachniveau B2. Entsprechend des »Gemeinsamen Europäischen Referenzrahmens für Sprachen« wird das Sprachniveau in sechs Stufen von A1 (Anfänger) bis C2 (Experten) unterteilt. Mit Sprachniveau B2 kann man die Hauptinhalte komplexer Texte zu konkreten und abstrakten Themen verstehen und im eigenen Spezialgebiet Fachdiskussionen verfolgen. Man »kann sich so spontan und fließend verständigen, dass ein normales Gespräch mit Muttersprachlern ohne größere Anstrengung auf beiden Seiten gut möglich ist. Kann sich zu einem breiten Themenspektrum klar und detailliert ausdrücken, einen Standpunkt zu einer aktuellen Frage erläutern und die Vor- und Nachteile verschiedener Möglichkeiten angeben.« (http://www.europaeischer-referenzrahmen.de/sprachniveau.php, Zugriff am 25.07.2018)

BAMF   Bundesamt für Migration und Flüchtlinge

BBZ   Beratungs- und Betreuungszentrums für junge Flüchtlinge und Migrant*innen

BQL   Berufsqualifizierender Lehrgang. In Oberstufenzentren in Berlin und Brandenburg werden unterschiedliche Bildungsgänge angeboten, dazu gehört auch der Berufsqualifizierende Lehrgang (BQL).

eBBR   Die erweiterte Bildungsreife (eBBR) kann in Berlin an den Integrierten Sekundarschulen nach der 10. Klasse mit entsprechend guten Noten erlangt werden. Es gibt eine gemeinsame Prüfung für eBBR und MSA, die Ergebnisse entscheiden über den Abschluss. Das Ziel des eBBR ist, sich für eine Berufsausbildung zu qualifizieren.

JoG »Jugendliche ohne Grenzen«

MSA Mittlerer Schulabschluss (früher: Mittlere Reife). Das Ziel des MSA ist eine Berufsausbildung oder der Übergang in die gymnasiale Oberstufe.

OSZ Oberstufenzentrum. Das Oberstufenzentrum ist eine berufsbildende Schulform, die in Berlin und Brandenburg unter einem Dach unterschiedliche Bildungsgänge verschiedener Berufsfelder zusammengefasst anbietet.

EBENFALLS NEU IN DIESER REIHE

Barbara Abdallah-Steinkopff
Interkulturelle Erziehungskompetenzen stärken
Ein kultursensibles Elterncoaching für geflüchtete und zugewanderte Familien

2018. 144 Seiten, mit 8 Abb. und 3 Tab., Paperback
ISBN 978-3-525-40628-1

Abgeleitet aus dem muttersprachlichen Elterntraining »Eltern Aktiv REFUGIO München«, das die speziellen Bedürfnisse von zugewanderten und geflüchteten Familien berücksichtigt, stellt Barbara Abdallah-Steinkopff relevante Inhalte und Methoden vor, um sie für die professionelle Erziehungsberatung nutzbar zu machen. Der Leitgedanke von kultursensibler Beratung ist, die Familien über die veränderten Lebensbedingungen und Anforderungen im neuen Land eingehend zu informieren und eine Orientierung in der Erziehung anzubieten, die beiden Kulturen gerecht wird. Die Darstellung einer kultursensiblen Haltung mit entsprechenden Vorgehensweisen, wie die Methode des Interkulturellen Pendelns, dienen dazu, den Fachkräften Handlungskompetenz und Sicherheit für den Beratungsalltag mitzugeben.

Vandenhoeck & Ruprecht Verlage
www.vandenhoeck-ruprecht-verlage.com

EBENFALLS NEU IN DIESER REIHE

Sladjana Kosijer-Kappenberg
Verständnis von Täterschaft im Kontext von Krieg und Flucht
Zwischen gesellschaftlicher Verantwortung und individueller Schuld

2018. 120 Seiten mit einer Abb., Paperback
ISBN 978-3-525-40630-4

Wie werden ganz normale Menschen in äußerst prekären sozialen, gewaltförmigen und widersprüchlichen gesellschaftlichen Kontexten selbst zum Täter oder zur Täterin? Wie werden Gewaltdenken und -handeln initiiert? Welche psychologischen Mechanismen und sozialen Konstrukte halten das Schuldgefühl im Zaum, damit der Mensch im Krieg imstande ist zu töten? Wie gehen geflüchtete Täter/-innen und andere Kriegsbeteiligte nach dem Wegfall ihrer Rationalisierungen mit ihren abgründigen Erfahrungen und psychischen Folgen um? Diesen Fragen widmet sich Sladjana Kosijer-Kappenberg in diesem Band. Sie zeigt, von welchen Faktoren die Wahrnehmung und Beurteilung des Täters/der Täterin von sich selbst sowie von Außenstehenden abhängen. Die Autorin gibt einen Überblick über die Erkenntnisse aus der Gewaltforschung und verdeutlicht diese mit Beispielen und Beobachtungen aus der Praxis.

Vandenhoeck & Ruprecht Verlage
www.vandenhoeck-ruprecht-verlage.com